Valentin Senger · Der Heimkehrer

VALENTIN
SENGER

DER HEIMKEHRER

Eine Verwunderung
über die Nachkriegszeit

für Liora

Valentin Senger

im April 1995

Luchterhand Literaturverlag

Luchterhand Literaturverlag GmbH, München 1995

Umschlaggestaltung: Roland Eschlbeck, München
Herstellung: Thomas Pradel, Frankfurt am Main
Satz: Uhl + Massopust GmbH, Aalen
Druck und Bindung: Ebner Ulm
Printed in Germany 1995
ISBN 3-630-86853-3

Fünfzig Jahre danach ist der Schrecken verdrängt, das Grauen verblaßt, und übriggeblieben in meiner Erinnerung ist das Verrückte und Absurde dieser Tage. Heute, fünfzig Jahre danach, zittere ich nicht mehr, wenn ich daran denke, wie sehnlich ich die Vernichtung Hitlerdeutschlands herbeigewünscht hatte und wie ich die Befreiung erlebte. Dennoch löst die Rückschau noch immer Erstaunen aus, Erstaunen darüber, daß ich auch die letzten Wochen und Monate des Zitterspiels zwischen Leben und Tod, zwischen Lüge und Verstellung, das ein Jahrzehnt gewährt hat, überlebt habe.

Heute lebe ich frei von der Angst, aus meinem Lügengebäude herausgezerrt, als Jude entlarvt und in ein Vernichtungslager verschleppt zu werden. Doch es haben sich neue Ängste eingestellt, die ich vor fünfzig Jahren nicht für möglich gehalten habe. Ein neuer, aggressiver Antisemitismus macht sich breit, wird von Jahr zu Jahr frecher, bedrohlicher, und scheint wohlorganisiert zu sein. Kein Verharmlosen von offizieller Seite schafft diese Bedrohung aus der Welt. Fünfzig Jahre danach habe ich wieder Angst.

ERINNERUNG

Tatsächlich boten sich mir im Augenblick des Zusammenbruchs etliche Möglichkeiten, ein Opfer der Befreiung zu werden.

Die erste war, von einer Wehrmachtspatrouille, die der Volksmund Heldenklau nannte, als Deserteur aufgegriffen und am nächsten Baum aufgeknüpft zu werden mit einem Pappschild auf der Brust, auf dem zu lesen gewesen wäre: »Ich bin ein feiger Deserteur und habe den Tod verdient.«

Ein vom Regen verwaschenes Schild mit genau diesen Worten fand ich damals an einer Feldscheune im Kreis Frankenberg. Der Leichnam war längst fortgeschafft worden. Eine alte Frau in dem nahen Dorf erzählte mir, es habe sich um einen jungen, kaum den Kinderschuhen entwachsenen Soldaten gehandelt, der sich in der Feldscheune versteckt hatte. Sie hätten die Scheune durchsucht, ihn als einen aus der Armee Geflüchteten entlarvt und auf der Stelle erschossen. Er habe als Abschreckung für andere Soldaten, die möglicherweise das gleiche vorhatten, liegenbleiben sollen, doch einige mutige Leute im Dorf hätten entgegen der Anweisung des Offiziers, der das Erschießungskommando befehligte, den toten Soldaten auf den Friedhof gebracht.

Ich könne das frische Grab sehen, es stände nur ein kleines Holzkreuz darauf. Und dann bemerkte die Frau noch, fast flüsternd, wobei sie ängstlich nach links und rechts schaute, ob uns auch niemand belausche, die Leute im Dorf sagten, zuvor habe der junge Soldat versucht, im Pfarrhaus unterzukommen, aber der Pfarrer habe ihn weggeschickt. Wie zu dessen Entschuldigung fuhr sie fort, der Pfarrer habe das aber nicht aus Bosheit getan, sondern bestimmt nur aus Angst, selbst erschossen zu werden, wenn sie den Soldaten in seinem Haus gefunden hätten.

Auf wunderbare Weise hatten wir, meine Eltern und drei Kinder, eine russisch-jüdische Familie, die zwölf Hitlerjahre mit falschen Papieren und falschem Namen in Frankfurt gelebt und überlebt. Außer meiner Mutter, sie starb Ende 1944, und meinem Bruder Alex. Er und ich mußten in den letzten Kriegsmonaten noch zum deutschen Militär, obwohl wir durch die falschen Papiere, die wir besaßen, staatenlos waren. Zwar hatten wir uns vorgenommen, wenn wir an die Front abkommandiert würden, bei der ersten Kampfhandlung zu unseren Freunden überzulaufen, ganz gleich, ob es Engländer, Amerikaner oder Russen seien. Denn unsere Feinde waren die Deutschen, genauer: die Hitlerarmeen, unsere Freunde alle die, die gegen sie kämpften.

Doch mein Bruder Alex wurde beim ersten Fronteinsatz im Osten von denen erschossen, die er seine Freunde nannte, weil er eine deutsche Uniform trug.

Ich wurde zur Schweren Artillerie nach Fritzlar eingezogen. Doch bevor ich aus der Kaserne an die Front abkommandiert werden konnte, infizierte ich mich mit Fleckfieber und kam in einem Ursulinenkloster, das als Notlazarett eingerichtet war, in strenge Quarantäne. Obwohl Fleckfieber eine lebensgefährliche und mit quälenden Schmerzen verbundene Krankheit ist, rettete sie mir wahrscheinlich das Leben. Während ich im Kloster langsam genas und mich in der sich anschließenden Quarantäne langweilte, wurde die Ausbildungseinheit, der ich angehörte, an die Ostfront transportiert und dort, wie es im Militärjargon hieß, fast vollständig »aufgerieben«.

EIN TIEFBRAUNES JAGDHAUS

Als sich im März 1945 amerikanische Truppen der Stadt näherten, man konnte bereits deutlich den Kanonendonner von der Front hören, flüchtete ich aus dem Kloster. Dabei verschlug es mich bei der Suche nach einem Unterschlupf in ein Jagdhaus. Dort herrschte, obwohl der Nazispuk so gut wie am Ende war, noch immer ein ungebrochener Hitlergeist. Das aber war mir erst klargeworden, nachdem ich mich dort einquartiert hatte. Drei Frauen, zwei Fabrikantenfrauen aus Kassel und eine Generalsfrau aus Wiesbaden, bewohnten das Jagdhaus. Sie boten mir Zivilkleider und ein sicheres Versteck an. Dafür sollte ich mich verpflichten, im Chaos des Zusammenbruchs ihr Leibwächter zu sein. Das sagte ich ihnen bedenkenlos zu. Mir blieb auch keine andere Wahl, wollte ich nicht riskieren, als Deserteur doch noch erwischt und erschossen zu werden.

Diese drei Frauen konnten sich partout nicht von der Vorstellung lösen, Juden und Zigeuner seien rassisch minderwertige Menschen und ihre vom Staat verfügte Isolierung, so die Ausdrucksweise der Frauen, gut zu verstehen.

Diesen Unsinn mußte ich mir anhören – und schweigen, zu meiner eigenen Sicherheit, auch wenn ich spürte, wie mir ohnmächtige Wut die Kehle zuschnürte, und ich am liebsten mit Fäusten auf sie losgegangen wäre. Angesichts der totalen Niederlage Deutschlands träumten sie von den Peenemünder Wunderwaffen, die, ungeachtet des schnellen Vormarschs von Russen und Amerikanern, den deutschen Truppen doch noch den Endsieg bescheren würden.

Hinzu kam, daß alle drei übertrieben mißtrauisch und geizig waren. Sie beobachteten mich auf Schritt und Tritt, meine Schweigsamkeit, mein verborgener Groll behagten ihnen nicht, und sie verschlossen Kisten und Kasten, Schränke und Truhen vor mir und sogar den Kühlschrank.

Da saßen nun drei Frauen, die nach wie vor zum Hitlerregime standen, in einem abgelegenen Jagdhaus zusammen, wurden vor Plünderern in Zivil und vor marodierenden deutschen Soldaten, die sich auf heilloser Flucht befanden und auch gegenüber den eigenen Landsleuten keine Rücksicht mehr kannten, von einem Juden beschützt. Von einem Juden, den jede der drei Frauen, hätten sie seine wahre Identität gekannt, auch jetzt noch bedenkenlos der Gestapo ausliefern und damit in den sicheren Tod schicken würde.

Als dann etwa zehn Tage später die Amerikaner kamen, das Jagdhaus durchsuchten und anschließend Schnaps verlangten, erklärte ich ihnen guten Glaubens, es sei kein Schnaps im Haus. Das hatten mir die Frauen wiederholt versichert.

Die Soldaten entdeckten dann aber doch einen gut getarnten Lagerraum unter der Schrägen der Kellertreppe, vollgestopft mit allen erdenklichen Lebensmitteln und Dutzenden Wein- und Cognacflaschen. Sie mußten glauben, ich habe sie hinters Licht führen wollen. Einer von ihnen drehte sich blitzschnell zu mir um und richtete seine Maschinenpistole auf meinen Bauch. Ein Unteroffizier schlug sie ihm weg, bevor er abdrükken konnte. Dann jedoch schlug ein anderer Soldat mit Fäusten und Füßen auf mich ein, bis ich stöhnend zusammensackte. Dagegen unternahm der Truppführer nichts. Mit einem gezischten »Fuckin' german!« ließ der Soldat endlich von mir ab. Zuvor hatte er mir noch einen kräftigen Tritt in den Hintern gegeben, so daß mir tagelang das Steißbein schmerzte. Dann kamen polnische Soldaten, ein Trupp von acht oder neun Mann. Sie schleppten alles aus dem Haus, was noch an Eßbarem und Alkoholischem vorhanden war. Das Messer eines Polen, dessen Spitze mich ekelhaft am Hals kitzelte, sollte mich daran hindern, ihnen den Weg zu verstellen. Aber auch ohne Messer an meinem Hals hätte ich einen Teufel getan, die Polen beim Leeren der Vorratskammern zu stören. Und das nicht nur aus Angst.

Die Frauen brauchten nicht zu befürchten, nunmehr hungern zu müssen. Sie hatten vorsorglich genug Schmuck, Goldmünzen und andere Wertgegenstände in dem kleinen Küchengarten hinterm Haus zwischen Petersilien-, Mohrrüben- und Zwiebelpflänzchen vergraben. Obwohl sie ihre Unterbeet-Aktion vor mir zu verbergen suchten und in einer frühen Morgenstunde heimlich in den Garten schlichen, konnte ich, hinter dem Vorhang des Toilettenfensters stehend, ihren Grabeeifer beobachten. Für einen kleinen Teil dieser Pretiosen, den sie nach und nach wieder ausgruben, aber auch aus einer jahrhundertelang erzwungenen und zur Gewohnheit gewordenen Unterwürfigkeit, brachten Metzger, Bäcker und die Bauern aus dem nahen Heimarshausen, Hoflieferanten gleich, den Frauen, was immer sie wollten.

Und weil die in der Kleinstadt Züschen stationierten amerikanischen Soldaten ganz wild aufs Schießen, aber schlechte Schützen waren und das gesamte Waldecksche Land einen guten Wildbestand hatte, bekamen die Frauen häufig Wild geliefert, das angeschossen war und von den Dorfbewohnern, bevor es verendete, mit den Händen gefangen und anschließend getötet wurde. Das Angebot an frischem Rehwild war so reichlich, daß es gar nicht sofort verbraucht werden konnte und die Frauen es in kleine Portionen zerlegten und in einer Kühltruhe verstauten.

Ich konnte die Jagdhausgesellschaft bald nicht mehr ertragen. Mein Ärger verstärkte sich noch, als ich sah, wie schnell und problemlos die drei Frauen Feinde und Freunde austauschten. Nach wenigen Tagen gab es für sie nur noch einen gemeinsamen Feind: die Russen. Sie haßten jetzt nur noch die Sowjets und die Kommunisten. Der Krieg mit den Amerikanern, Engländern und Franzosen schrumpfte für sie zu einem tragischen Mißverständnis.

Dieser Gesinnungswechsel der Frauen war darum bemerkenswert, weil er bereits in den ersten Tagen nach der endgültigen Zerschlagung des Hitlerreichs ein Verhalten anzeigte, wie ich es bei anderen Deutschen erst Monate später erlebte, als ihre Enttäuschung über den verlorenen Krieg und ihr dumpfes, betretenes Empfinden der Mitschuld an den Greueltaten der Nazis einen Ausweg suchten.

Mein Vorsatz stand fest. Ich wollte das Jagdhaus schnell wieder verlassen – aber es gelang mir nicht. Ich hatte keinen Passierschein, mit dem ich mich auf den Weg zurück nach Frankfurt hätte machen können, und ohne Passierschein würde ich in kürzester Zeit von einem der vielen amerikanischen Kontrollposten aufgegriffen werden und unweigerlich in amerikanische Gefangenschaft geraten. Darum begab ich mich zum zuständigen US-Kommandanten für dieses Gebiet, der im drei Kilometer entfernten Schloß Garvensburg in Züschen residierte. Ich legte ihm meinen Paß mit dem Vermerk »staatenlos« vor, den ich bereits in der Kaserne und im Lazarett und so auch jetzt, gut versteckt, bei mir trug. Mit diesem Dokument wollte ich den Beweis erbringen, daß ich kein Deutscher sei und nichts weiter wünschte, als zu meiner Familie nach Frankfurt zurückzukehren. Dazu möge er mir einen Passierschein ausstellen.

Doch meine Vorsprache in der Kommandantur hatte eine unerwartete Wirkung. Der junge amerikanische Offizier wußte partout nichts mit meinem Staatenlosenpaß anzufangen und erst recht nichts mit meiner Versicherung, meine Eltern stammten aus Rußland. Zu meinem großen Erschrecken erklärte er mir, mein merkwürdiger Ausweis und meine Geschichten über meine Familie brächten mich in den Verdacht, ein Ostspion zu sein. Wenn sich das bestätige, werde er mich in ein Sondergefangenenlager einliefern und umgehend in das Land meiner Auftraggeber abschieben lassen. Dabei konnte ich von Glück reden, daß er mich nicht sofort arrestieren ließ, sondern lediglich verfügte, ich dürfe vorerst nicht das Haus verlassen, in dem ich bisher gewohnt habe.

GERDI

Um nicht den ganzen Tag mit den drei Frauen zusammenzusein, ging ich jetzt tagsüber in das hinter dem Wald gelegene Dorf Heimarshausen und half dort bei der Feldarbeit. Immer öfters schlief ich im Haus eines Jagdaufsehers, entgegen den Anordnungen des US-Kommandanten. Dort lernte ich Gerdi kennen, eine entfernte Verwandte des Jagdaufsehers und ehemalige Wehrmachtshelferin. Sie war für kurze Zeit in amerikanische Gefangenschaft geraten und zur gleichen Zeit, da ich gelegentlich bei dem Jagdaufseher schlief, in sein Haus eingezogen. Ihr Zuhause war ein Dorf in Pommern, aber sie wollte keinesfalls dorthin zurück.

Die stämmige, stürmische Gerdi, die genau wie ich einen großen Nachholbedarf an dem hatte, was man gemeinhin Liebe nennt, ließ mich meine Lage leichter ertragen. Sie tröstete mich ein wenig über den Ärger mit den Nazifrauen und den Amerikanern hinweg. Anfangs störte es mich kaum, daß ich in dem gut zwanzig Jahre älteren Jagdaufseher, trotz der Szenen, die ihm seine eifersüchtige Frau machte, einen ernsthaften Konkurrenten bei Gerdi hatte. Immerhin schenkte sie mir ihre Gunst aus reiner Zuneigung. Justus dagegen, so hieß der Jagdaufseher, bekam seine Streicheleinheiten und auch mehr nur deswegen, weil er Gerdi in sein Haus aufgenommen hatte und es nicht versäumte, sie immer wieder daran zu erinnern. »Was bleibt mir denn anderes übrig?« fügte sie dieser Versicherung immer trotzig hinzu. »Soll er mich etwa eines Tages auf die Straße setzen?«

Ich bedachte ihren großen Hunger auf Liebe und gestand ihr zu, mehr als einen Liebhaber glücklich machen zu können, obwohl mich ihr Verhalten schmerzte. Wohl oder übel mußte ich mit dieser Aufteilung zufrieden sein. Natürlich hörte ich es gern, wenn sie mir versicherte, und das tat sie öfters, ich sei der weitaus bessere Liebhaber, gestehe aber, daß ich nie den Verdacht loswurde, sie sage auch Justus genau dasselbe in der guten Absicht, uns beide gleichermaßen bei Laune zu halten. Ich habe es ihr hoch angerechnet, daß sie jedes Ränkespiel zwischen uns dreien vermied.

In einen beträchtlichen Zwiespalt geriet ich, als mich eines Tages der amerikanische Kommandant zu sich bestellte und mir eröffnete, meine Angaben über meine Vergangenheit hätten sich bei der Rückfrage in Frankfurt bestätigt. Es bestände kein Verdacht mehr gegen mich, ich könne mich auf den Heimweg begeben. Und er überreichte mir einen bereits ausgestellten Passierschein nach Frankfurt, ein Sesam-öffne-dich für alle amerikanischen Kontrollstellen.

Das hieß aber auch, Gerdi verlassen zu müssen zu einem Zeitpunkt, da wir uns gerade wunderbar aufeinander eingestellt hatten, Abschied zu nehmen von ihrer salzigen Haut und ihrem betörend scharfen Geruch. Was sollte ich tun, hierbleiben oder sie verlassen? Ich brauchte nicht lange, um mich zu entscheiden. Die Ungewißheit über das Schicksal meiner Angehörigen, von denen ich seit vielen Monaten kein Lebenszeichen mehr empfangen hatte, überwog bei weitem alle guten Gründe, die mich an Heimarshausen banden.

Gerdi war traurig, als ich ihr sagte, ich müsse bald nach Frankfurt zurückgehen. Als es dann soweit war, schob sie mir ein Abschiedsgeschenk in die Rocktasche: ein kleines Notizbuch mit einem Bleistift seitlich in der Schlaufe. Auf die Innenseite des Umschlags hatte sie ihren Namen geschrieben und die Worte »Denk ab und zu an mich«. Und sie erwies mir noch einen wichtigen Liebesdienst, sie beschaffte mir eine Landkarte von Hessen-Nassau, mit der ich unterwegs stets im Bilde war, wo ich mich gerade befand.

Und weil der Jagdaufseher, wohl aus einer verspäteten Konkurrentenanimosität, seine ausgelatschten Stiefel zurückverlangte, die er mir für die Arbeit auf seinen Wiesen und Feldern zur Verfügung gestellt hatte, mußte ich mich mit meinen eigenen, völlig verschlissenen Schuhen auf den Weg machen. Außerdem lehnte er es ab, mir einen zehnmal geflickten uralten Rucksack, in dem ich meine wenigen Habseligkeiten hätte verstauen können, zu überlassen, er hing ungenutzt in der Diele. Gerdi schuf mir Ersatz, indem sie zwei Schnüre an einem

Kartoffelsack befestigte, den ich dann über den Schultern tragen konnte.

Ich wollte die Gemeinheiten des Jagdaufsehers nicht ohne weiteres hinnehmen und sann auf Rache. Als er beim Abendschoppen außer Haus war, öffnete ich die Tür zum Schweinestall, so daß die Tiere fröhlich grunzend über den kleinen Hof in den Gemüsegarten gelangten, genauer: hätten gelangen können, wenn Gerdi sie nicht, bevor die Tiere größeren Schaden anrichteten, wieder in den Stall getrieben und die Tür zu dem Verschlag verriegelt hätte. »Was soll der Blödsinn?« schimpfte sie. »Hast du vergessen, daß Justus dir die ganze Zeit Unterkunft gewährt hat, ohne etwas dafür zu verlangen? Und wem hättest du denn geschadet? Nicht ihm, sondern seiner Frau, die den Garten bearbeitet und in Ordnung hält. Was hat sie dir getan?«

Gerdi hatte recht. Meine Unbeherrschtheit führte zu weiter nichts, als daß sie meinen Abschied trübte.

Am nächsten Tag brach ich zu Fuß nach Frankfurt auf.

Gerdis Notizbuch hat mir gute Dienste geleistet. In ihm hielt ich fest, gewissenhaft datiert, was ich auf dem langen Marsch nach Frankfurt erlebte, oder auch Gedanken und Einfälle, die mir beim monotonen Laufen über die Landstraßen durch den Kopf gegangen waren. Anfangs war es pure Langeweile, die an den trostlosen Abenden in den Unterkünften, die ich jeweils fand, Anstoß zum Notieren gab. Zu lesen hatte man in den ersten Wochen nach dem Zusammenbruch so gut wie nichts, sieht man von den gedruckten Anweisungen der Besatzer für die deutsche Bevölkerung ab. Ich erinnere mich gut, daß mich meine schon immer vorhandene manische Lesewut auch noch in dieser Situation dazu brachte, wo immer ich auf der Straße oder im abendlichen Quartier einen Fetzen bedruckten Papiers fand, ihn aufzuheben und Wort für Wort, Zeile für Zeile zu lesen, ganz gleich, ob es sich um eine uralte Werbeanzeige, eine Gebrauchsanweisung für Waschpulver, Dosierungsanweisung für Kaffee-Ersatz oder den Aufkleber einer Konservendose handelte, so auch die gedruckten Anweisungen der Besatzer.

Bald jedoch machte mir das abendliche Schreiben mehr Spaß, und meine Eintragungen wurden länger und ausführlicher. Ich habe Gerdis Notizbuch als Andenken an die aufregenden Tage in Heimarshausen aufgehoben und krame es jetzt hervor.

Während ich darin blättere, steht mir der Weg vom Waldecker Land nach Frankfurt wieder lebendig vor Augen. Die Tagebuchaufzeichnungen geben meinem Gedächtnis viele Einzelheiten wieder zurück, die ich längst vergessen hatte. Sie spiegeln die damalige Zeit wider und geben Anschauung davon, wie sich die Menschen unmittelbar nach dem Zusammenbruch des Hitlerreichs verhalten haben. Auch meine Verfassung in diesen Tagen und Wochen wird mir wieder deutlich.

DAS TAGEBUCH

29. April. Nach dem ersten Tag bin ich in Löhlbach, einem kleinen Dorf, gelandet und liege bei einem Bauern im Stroh. Das Laufen in meinen alten Schuhen macht mir Mühe, meine Füße tun mir weh, ich komme nur langsam voran. Ich habe einen großen Bogen um Bad Wildungen gemacht. Ich werde auch in den nächsten Tagen durch keine Stadt laufen. Dort sollen die Kontrollen sehr streng sein. Jeder Mann, der unterwegs ist und den die Amerikaner verdächtigen, Soldat gewesen zu sein, soll auf der Stelle kassiert werden. Darauf hat mich ein älterer Mann aufmerksam gemacht, dem ich am Nachmittag begegnete und der nach Hannover wollte. Ich überlege, ob mir mein Passierschein wirklich immer nützt und bin mir nicht sicher. Ich muß äußerst vorsichtig sein. Wenn ich noch im letzten Augenblick eingesperrt würde – ich kann es mir nicht vorstellen. Das darf nicht passieren.

Drei Wochen sind nun vergangen, seit die Amerikaner den Bezirk Waldeck besetzt haben. Im Grunde brauchte ich keine Angst mehr zu haben, als Deserteur von den Heldenklaus erwischt und erschossen zu werden. Und doch ist noch ein Zittern in meinem Kopf und meinem Körper. Vorbei ist die Bedrohung, als Jude entlarvt und in ein Vernichtungslager geschafft zu werden. Und doch bin ich noch immer nicht imstande, aus meinem Tarnanzug zu schlüpfen und frei zu bekennen: Ich bin Jude – und ich lebe, trotz allem, was geschehen ist! Das einzige Mal, daß ich bisher bekannte, Jude zu sein, war bei dem amerikanischen Kommandanten in Züschen. Aber das war auch eine andere Situation.

Zehn Jahre Verleugnung und Mimikry sind nicht mit Verstandesgründen aus der Welt zu schaffen oder wie ein Fieber auszuschwitzen. Ich überlege, wie lange es noch dauern wird, bis ich – im rechten Sinne des Wortes – wieder zu mir komme.

30. April. Es fällt mir schon viel leichter, bei Bauern oder irgend jemand anderem in einem Dorf um etwas zu essen zu bitten. Bisher wurde ich noch nie abgewiesen. Aber heute nachmittag. Die Bäuerin hat geknurrt: »Gerade hat einer etwas von mir gekriegt. Das langt für heute. Wenn ich jedem etwas geben wollte, der vor meiner Tür steht, wo käme ich da hin! Dann könnte ich bald selbst betteln gehn.« – Soll das Biest an ihrer Scheibe Brot ersticken! – Sonst keine erwähnenswerten Vorkommnisse am heutigen Tag.

1. Mai. Ein Bauer nahm mich mit seinem Pferdewagen ein Stück des Wegs mit, und ich landete in einem Städtchen namens Gilserberg, wo ich eigentlich gar nicht hin wollte. Der Bürgermeister, bei dem ich um ein Nachtquartier bat, war sehr unwirsch. Es paßte ihm wohl nicht in den Kram, daß ich so spät am Nachmittag noch etwas von ihm wollte. Er wurde zudem mißtrauisch, als ich ihm meinen Staatenlosenpaß vorzeigte. Er blätterte drin herum, klappte den Paß mit einem lauten Knall zu und begann, mich auszufragen. Das Gespräch verlief etwa so:

»Wieso sind sie staatenlos?« »Weil auch mein Vater staatenlos ist.« »Ist er kein Deutscher?« »Nein.« »Was ist er denn?« »Russe.« »Und wo sind sie geboren?« »In Frankfurt.« »Als Staatenloser?« »Ja.« »Dann waren sie nicht bei der Wehrmacht.« »Doch.« »Und wo haben sie ihr Soldbuch?« »In einem Wald bei Heimarshausen vergraben.« »Und das soll ich ihnen glauben?« Der Bürgermeister schüttelte verständnislos den Kopf. »Es ist aber so«, gab ich zur Antwort, »ob sie es glauben oder nicht.« »Einen Moment!« Er hob warnend die Stimme. »Sie sind also kein Deutscher?« begann er von vorne. »Nein.« »Und waren doch Soldat?« »Ja.« »Als Freiwilliger?« »Nein.« »Richtig eingezogen?« »Ja.« »Wie jeder andere deutsche Wehrpflichtige?« »Ja.« »Das verstehe ich nicht.« »Ich auch nicht.«

Da gab er es auf, weiterzufragen. Verstanden hat er es in der Tat nicht, warum ich staatenlos bin und warum ich eine deutsche Soldatenuniform tragen mußte. Klar, daß sein Mißtrauen blieb.

Er verlangte jetzt auch meinen amerikanischen Passierschein, betrachtete ihn von vorn und hinten, als wolle er prüfen, ob er nicht etwa gefälscht sei, gab ihn mir dann aber wieder zurück. Er notierte meinen Namen und meine Frankfurter Adresse. Dann erst beauftragte er irgendeinen städtischen Kalfaktor, mich in eine Unterkunft zu bringen. Der Kerl sah so vertrottelt aus, als wäre er früher einmal als Ortsdiener mit einer Glocke in der Hand durch das Dorf gelaufen. Obwohl, Ortsdiener waren ja nicht immer vertrottelt, ein schlechter Vergleich. Was soll's, der Kerl war es.

»Den Paß können sie sich morgen früh wieder bei mir abholen«, sagte der Bürgermeister und schloß ihn in seiner Schreibtischschublade ein.

Schon von außen sieht das Haus, in das mich der Kalfaktor brachte, trostlos und verwahrlost aus. Im Erdgeschoß führte er mich in einen muffig riechenden Raum. Es ist wirklich eine ganz primitive Penne. Die Wände sind feucht, der Holzfußboden zertreten und glitschig. Der Mann, der mich herbrachte, wies mich mit erhobenem Zeigefinger darauf hin, mich ruhig zu verhalten, weil in den beiden oberen Geschossen noch andere Leute wohnten. Ich fragte mich, wer es in einem so elenden Loch aushält. Das können entweder nur ausgebombte Städter sein, die keine andere Unterkunft fanden, oder Dorfarme, die ihre Miete nicht mehr zahlen konnten und aus ihrer alten Wohnung herausgeschmissen wurden. Niemand anderem kann man das zumuten.

Bevor der Mann ging, sagte er noch, es täte ihm leid, er müsse mich einschließen, das sei eine strenge Anweisung des Bürgermeisters, weil in Gilserberg schon so viel mit Durchreisenden passiert sei. Am andern Morgen würde er zum Aufschließen wiederkommen.

In dem Raum stehen nichts weiter als eine Holzpritsche, auf der eine verfilzte, schmutzige Decke liegt, ein Stuhl und ein wackliger Tisch. Auf dem Tisch und in einer Ecke liegen Essensreste. Saubergemacht wird hier wohl alle Schaltjahre einmal.

Erst eine ganze Zeit später entdeckte ich, daß alles voller Kakerlaken ist. Ekelhaft. Lieber würde ich im Freien schlafen als in dieser Saubude. Aber der Raum ist verschlossen. Ich kann auch nicht aus dem Fenster rausklettern, es ist vergittert wie eine Gefängniszelle. Selbst wenn ich könnte – der Bürgermeister hat meinen Paß. Es sieht so aus, als ob dieses Loch wirklich einmal eine Arrestzelle war.

Fast hätte ich es vergessen: Heute ist der 1. Mai – Kampftag der Arbeiterklasse. Das war einmal. Ob es wiederkommt? In den Dörfern, durch die ich heute kam, hat man nichts davon gemerkt, daß der 1. Mai ist. Auch hier in Gilserberg scheint es ein normaler Arbeitstag gewesen zu sein. –

2. Mai, morgens. Nachtrag zum gestrigen Tag – mit Wut im Bauch, weil der Bedienstete nicht beikommt, um mich aus diesem verfluchten Loch zu befreien: Als ich gestern abend auf der Pritsche lag, nicht einschlafen konnte und daran dachte, wie wir vor 1933 den 1. Mai begangen haben, fing ich an, leise vor mich hin revolutionäre Lieder zu singen. Heute morgen, als mir gar nicht mehr zum Singen zumute ist, dünkt mich das wie ein kindlich-einfältiges, sentimentales Verhalten. Aber es war so, ich habe wirklich gesungen. Ich sang die »Internationale«, die »Warschawjanka« und dann noch die »Dubinuschka«, die Papa immer so gern auf russisch gesungen hat. – Ich muß Schluß machen, es wird aufgeschlossen.

2. Mai, abends. Heute bin ich einem Ritterkreuzträger begegnet. Ich traf ihn am Nachmittag auf einem Bauernhof. Dort bekamen wir beide einen Teller dicke Suppe. Wir saßen zusammen auf der Bank vor dem Haus, und er erzählte mir einiges von sich, seinem Zuhause, von Frau und Kindern in einem Dorf bei Coburg. Er war Offizier in einer motorisierten Einheit und ist aus dem Lazarett in Koblenz geflüchtet, als sich amerikanische Truppen in den ersten Märztagen der Stadt näherten. Mit ihm hätten alle Verwundeten, die gehfähig waren, so berichtete er mir, das Lazarett verlassen. Nach der Flucht habe er sich einige Zeit bei einer Kriegerwitwe im hinteren Taunus versteckt gehalten.

Ansonsten gab es heute keine weiteren besonderen Vorkommnisse. Alle Frauen, bei denen ich anklopfte, gaben mir etwas zu essen und manchmal auch ein paar Zigaretten. Immer werde ich nach meinem Woher und Wohin gefragt. Es ist vorteilhaft zu sagen, daß man bei den Soldaten war und von der Front kommt. Das erweckt Anteilnahme und Hilfsbereitschaft. Und immer jammern mir die Frauen, von denen ich etwas zu essen bekomme, wegen des verlorenen Krieges und der Last der Besatzung die Ohren voll. Ich gehe auf solche Gespräche nicht ein, weiß genau, ich würde mir nur Ärger einhandeln, wenn ich diesen Frauen sagte, daß dies für mich kein verlorener Krieg ist, sondern die Niederlage Sieg und Befreiung bedeuten.

Für heute nacht habe ich ein gutes Quartier gefunden, einen großen Verschlag in einem Bauernhof, wo eine saubere Pritsche steht. Eine Wolldecke liegt darauf.

DER RITTERKREUZTRÄGER

NACHTRAG 1994

Damals, 1945, habe ich über die Begegnung mit dem Offizier keine weiteren Eintragungen in das Tagebuch gemacht. Jetzt aber, beim Nachlesen, kommen mir viele Einzelheiten in Erinnerung, wie diese Begegnung verlief. Als er seine Suppe ausgelöffelt hatte, stellte er den Teller neben sich auf die Bank, schaute mich prüfend an und sagte: »Ich habe in Rußland das Ritterkreuz bekommen.« Einen Augenblick zögerte er, dann kramte er in seiner Hosentasche herum, holte ein zerknülltes Taschentuch heraus und faltete es vorsichtig auseinander. Da kam der Orden zum Vorschein. Er hielt ihn mir hin und meinte: »Damit du siehst, daß ich keine Sprüche kloppe.« Er packte ihn wieder ein und verstaute ihn in der Hosentasche. Ich wollte wissen, wofür er das Ritterkreuz bekommen hatte. Er reagierte merkwürdig verärgert. »Das ist doch jetzt scheißegal«, sagte er, »ich kann mir doch nichts mehr dafür kaufen.« Zu dem Zeitpunkt hatte er recht, der totale Krieg war total verloren und damit ein deutsches Ritterkreuz kaum noch etwas wert. Ich fragte ihn, warum er den Orden dann doch noch behalte, wo er sich nichts mehr dafür kaufen könne. Er zuckte nur mit den Schultern. Ich sagte, wenn die Amerikaner ihn schnappen und filzen würden und das Ritterkreuz mit dem Hakenkreuz in der Mitte bei ihm fänden, sei er übel dran. »Weiß ich«, gab er zur Antwort, »aber das Ding einfach wegwerfen, das kann ich auch nicht.« Als ich ihn von der Seite betrachtete, ich hatte zuvor noch nie etwas mit einem Ritterkreuzträger zu tun gehabt, wo sollte ich auch?, da sah er weiß Gott nicht wie ein Draufgänger aus. Das mußte man doch wohl gewesen sein, um einen so hohen Orden zu bekommen. Er machte den Eindruck eines kleinen Vertreters, der an Wohnungstüren klingelt und Gesundheitstees oder Patentbüchsenöffner anbietet. Außerdem war ihm sein Jackett, daran erinnere ich mich noch gut, drei Nummern zu groß, er hatte es sich bei seiner Verwandlung in einen Zivilisten ja nicht aussuchen können, und es war so kaputt, als habe er es von einer Vogelscheuche abgehängt. Und er konnte es nicht fassen, daß der Krieg für alle Deutschen, Soldaten und Zivilisten, auch für die, die bis zuletzt vom Endsieg geträumt hatten, endgültig verloren war.

Als er wissen wollte, woher ich komme und bei welcher Einheit ich war, mußte ich ihn anlügen. Meine Wahrheit hätte er bestimmt nicht verstanden. Wir gingen noch eine Strecke gemeinsam. Wegen einer offenbar nicht ausgeheilten Beinverletzung hinkte er stark und hatte große Schmerzen. Ständig verzog er das Gesicht. Dennoch und entgegen seiner vorherigen Bemerkung, jetzt sei es doch egal, wofür er das Ritterkreuz bekommen habe, erzählte er mir schließlich seine Geschichte.

Irgendwo in der Ukraine habe er sich mit seiner Einheit aus einem Kessel, den die Russen um sie gebildet hatten, wieder herausschlagen können. Dafür sei ihm das Ritterkreuz umgehängt worden, höchstpersönlich von einem General im Armeehauptquartier. Und er erzählte weiter Kriegserlebnisse, von seinen Einsätzen an der Front und im Hinterland Rußlands. Den meisten Soldaten, denen ich damals begegnete, war die Lust am Erzählen von Heldentaten vergangen. Dieser glaubte nach anfänglichem Zögern wohl, auf mich mit seiner eiskalten und gefühlsrohen Art zu erzählen, Eindruck machen zu können. Bald aber konnte ich es nicht mehr mit anhören. An einer Wegkreuzung ließ ich ihn stehen.

Der Ritterkreuzträger geht mir nicht mehr aus dem Kopf, genauer noch: der Orden selbst. Ich überlege, wie viele Menschen, Beteiligte und Unbeteiligte am Krieg, sterben, wie viele Schmerzensschreie die Luft zerreißen mußten, bis ein Soldat für sein blutiges Handwerk dieses Kreuz um den Hals gehängt bekommen konnte. Diese Überlegung betrifft nicht nur Ritterkreuzträger und deutsche Soldaten, sondern Ordensträger aller Armeen der Welt. Und dennoch – dieses Kreuz mit dem Hakenkreuz in der Mitte hatte, meine ich, eine eigene fragwürdige Qualität in diesem schrecklichen Krieg, der Millionen Menschen das Leben gekostet hat.

Damals, 1945, hätte ich es als den Ausfluß eines kranken Gehirns bezeichnet, hätte mir jemand vorausgesagt, daß Ritterkreuzträger schon sehr bald, zusammengeschlossen in einer »Ordensgemeinschaft«, jährlich mit großem Pomp ihre Heldentaten feiern würden, von Bürgermeistern und Bundeswehrgenerälen begrüßt und von Bundeswehrkapellen beschallt. Und allen Trägern baumelt bei solchen offiziellen Gelegenheiten vor der Brust das Ritterkreuz, am schwarz-weißroten Band sorgsam um den Hals geknüpft, der Orden, den genau in der Mitte ein dickes, nicht zu übersehendes Hakenkreuz schmückt.

»Der Wind in Deutschland weht wieder anders«, sagte einmal der Vorsitzende der »Ordensgemeinschaft der Ritterkreuzträger«, Wolfram Kurtz, einst Kommandeur des »Wachregiments Großdeutschland« und später gut dotierter Manager im Flickkonzern. Dem ist nicht zu widersprechen. Und dann bemerkte er noch, der Sinn solcher Treffen sei, noch einmal in Ruhe bei einem Glas Bier Erinnerungen auszutauschen, ihre Vergangenheit zu bewältigen und das Erlebnis der Kameradschaft zu genießen.

Ich selbst habe einmal in einer noblen Herberge an der deutsch-österreichischen Grenze zufällig einen Kameradschaftsabend von unverdrossenen Kriegern aus dem Zweiten Weltkrieg miterlebt. Es waren Bayern und Steiermärker. Sie treffen sich dort regelmäßig. Mit glänzenden Augen und Schulterklopfen gaben sie ihre Geschichten zum besten, begleitet vom Bewunderungsgemurmel der andern. Einer erzählte, wie er einem feige davonlaufenden Franzosen »in den Arsch geschossen«, sein Nachbar, wie er russische Piloten, die am Fallschirm hingen, noch im Niederschweben »vom Himmel geholt« habe, als sei er beim fröhlichen Tontaubenschießen gewesen, und ein Dritter, wie er mit gefangenen Partisanen »kurzen Prozeß gemacht« habe.

Und noch etwas geht mir durch den Kopf: Der Leutnant, den ich 1945 in der Nähe von Gilserberg traf, wird sehr bald seine Traurigkeit über den Ausgang des Krieges überwunden und ein neues Verhältnis zu seinem Orden gewonnen haben. Die Bemerkung damals, »dafür kann ich mir doch nichts mehr kaufen«, hat er längst revidiert und verwahrt sein Ritterkreuz heute in einer Samtschatulle. Sollte er mittlerweile das Zeitliche gesegnet haben, wird er – und auch das hat der Vorsitzende der »Ordensgemeinschaft« verkündet – »wie alle verstorbenen Ritterkreuzträger als Ritter ohne Furcht und Tadel in Walhall an der Tafelrunde der Edelsten« sitzen. Weilt er aber noch unter den Lebenden, wird er ebenfalls fleißig wie die meisten Ritterkreuzträger Kapital aus seinem Orden schlagen.

Es stimmt, der Wind in Deutschland weht wieder anders, und in diesen Wind hat sich noch immer der unangenehme scharfe Geruch von Herrenmenschentum, Ausländerhaß, von Blut und Eisen gemischt.

Gewiß, ein Orden hebt den Träger aus der Masse der Nicht-Ausgezeichneten heraus, steigert sein Selbstwertgefühl und spornt ihn zu weiteren Taten an, was wohl auch die Absicht der Ordensverteiler ist. So hat in Kriegszeiten, Ironie des Schicksals, mancher hohe Orden den Träger nur kurze Zeit geschmückt und ihm den schnellen Tod gebracht.

Schon damals widerstrebte es mir, wenn ich unmittelbar nach den Schrecken des Zweiten Weltkriegs Offizieren der Siegermächte begegnete, ganz gleich, ob Russen, Amerikaner oder Franzosen, deren Uniformen mit vier- und fünffachen Ordensspangen behängt waren, als trügen sie einen Fleckerlteppich auf der Brust. Macht es denn einen Sinn, in Friedenszeiten seine Kriegstaten zur Schau zu stellen?

Aber auch Ordensträger werden alt. Und es ist schon ein merkwürdiger Anblick, wenn in die Jahre gekommene Haudegen bei feierlichen Anlässen in vollem Ordensschmuck auftreten und bemüht sind, mit Hackenzusammenschlagen und schneidigem Militärgruß einen martialischen Eindruck zu erwecken.

Ich habe bei einer Parade in Paris ein solches Schauspiel erlebt. Dabei überkam mich das Bedürfnis, einmal einen ordensbehängten Opa in den Arm zu nehmen und ihm ins Ohr zu flüstern: »Guter Mann, wäre es nicht vernünftiger, du gingst nach Hause, zögest Ordensjacke und Soldatenkäppchen aus und einen wollenen Wams an? Das würde dich weitaus besser kleiden«. Ich weiß, ich würde auf Unverständnis und Empörung stoßen. Gleiches würde mir auch bei den Ritterkreuzträgern passieren.

Der Spaß, sich mit Orden zu schmücken, ist in den verflossenen Jahren nicht geringer geworden, und ich befürchte, er wird auch in Zukunft anhalten, bei uns in Deutschland und anderswo.

TAGEBUCH (FORTSETZUNG)

3. Mai. Ich habe unbeanstandet zwei Kontrollstellen passiert, mache dennoch um große und kleine Städte zeitraubende Umwege. Ich höre immer wieder, daß die Amerikaner ehemalige deutsche Soldaten festhalten und sie in Gefangenenlager schaffen. Hier in Allendorf, so heißt das Dorf, es ist in der Nähe von Wetzlar, habe ich bei einer Frau in mittlerem Alter eine gute Unterkunft gefunden, eine eigene Kammer mit einem ordentlichen Bett. Sie bewirtet mich so aufmerksam, als sei ich ihr Sohn.

4. Mai. Die Frau hat mir erlaubt, einen Tag länger bei ihr zu bleiben. Ich muß meine alten, völlig aus der Form geratenen Schuhe reparieren lassen. Sie sind beide vorne weit aufgerissen, und ich kann kaum noch drin laufen.

Beim Frühstück hatte ich ein interessantes Gespräch mit ihr. Sie sagte, sie sei sehr froh über das Ende des Krieges. Ihr Mann wäre schon vor zwei Jahren an der Ostfront in Gefangenschaft geraten. Sie hoffe, er werde eines Tages gesund zurückkommen. Es seien so viele junge Männer aus dem Dorf gefallen. Viele Frauen trügen Schwarz, viele Kinder hätten ihre Väter verloren.

Die Deutschen an der Front und in der Heimat hätten in diesen fünf Kriegsjahren große Opfer gebracht. Es sei doch nicht gerecht, trotz der vielen Toten und den großen Entbehrungen sei der Krieg verlorengegangen. Sie sagte wörtlich: »Nun war alles umsonst.«

Obwohl ich mir vorgenommen hatte, auf solche Bemerkungen nicht zu reagieren, fragte ich sie: »Hätten sie gewünscht, daß wir den Krieg gewinnen?« Da gab sie konsterniert zurück: »Sie etwa nicht?« Als ich zögerte, fügte sie hinzu: »Sie sind doch auch ein Deutscher, sie waren doch auch an der Front. Sie können doch nicht gewünscht haben, daß Deutschland den Krieg verliert.« Ich war nicht imstande, ihr darauf zu antworten. Ich wagte nicht, ihr zu sagen: doch, ich habe es gewünscht. Mein Schweigen machte sie mißtrauisch. Von diesem Augenblick an ging sie auf Distanz zu mir. Als ich mit ihr dann doch über Recht und Unrecht des Hitlerkriegs zu sprechen versuchte, mußte ich einsehen, daß dies völlig sinnlos war. Ihr politischer Horizont ging über ihr Kopftuch, das sie fest unter dem Kinn verknotet hatte und das sie den ganzen Tag trug, nicht hinaus, ihre Welt war das Dörfchen Allendorf. Es wäre auch undenkbar gewesen, mit ihr über das Schicksal von Millionen von Juden zu reden. Da ich deutlich ihre Irritation spürte, fragte ich ganz beiläufig: »Haben in Allendorf früher Juden gewohnt?« In einem scharfen, zurückweisenden Ton antwortete sie: »Natürlich haben hier früher Juden gewohnt. Sie sind alle ausgewandert.« »Ausgewandert?« »Ja, ausgewandert. Oder was meinen sie?« Sie stand vom Frühstückstisch auf und ließ mich allein sitzen. Ich hatte es endgültig bei ihr verscherzt.

NACHTRAG 1994

Damals hatte mich der harsche, abweisende Ton dieser freundlichen Frau getroffen, aber ich konnte noch hoffen, ihre Uneinsichtigkeit würde später Nachdenklichkeit Platz machen. Das peinliche Gefühl, an der Judenvertreibung aus dem Dorf – selbstverständlich wußte sie, daß niemand »ausgewandert« war, sondern alle rigoros vertrieben wurden – irgendwie, und sei es nur durch passives Verhalten mitschuldig geworden zu sein, hatte wohl ihren merkwürdigen Starrsinn ausgelöst. Über diese Vorgänge weigerte sie sich zu reden, besonders wenn ein Ortsfemder plötzlich diese merkwürdige Neugier zeigte. Heute, fünfzig Jahre später, kann ich nur meine Enttäuschung eingestehen. Viele Deutsche haben keine Reue empfunden und gezeigt über das Unrecht, das den Juden angetan wurde. Der Wandel zur Nachdenklichkeit blieb aus. Bei weiten Teilen der Bevölkerung sehe ich noch immer das Bestreben, über dieses schlimme Kapitel deutscher Geschichte ein großes Tuch des Vergessens auszubreiten.

Aber auch das Gegenteil habe ich erfahren, ein ehrliches Bemühen, das Schicksal der vertriebenen Juden aufzuklären, Gedenkstätten für die Ermordeten zu errichten, verwüstete Synagogen und geschändete Judenfriedhöfe wieder instandzusetzen. Wohl sind diese um Wiedergutmachung bemühten Bürger eine Minderheit, aber es gibt sie, und darum gibt es auch Hoffnung.

Mit welch hohen Erwartungen, mit welch großer Sehnsucht auf eine bessere, friedlichere Welt war ich damals unterwegs, fest davon überzeugt, die Menschen hätten aus dem schrecklichen Geschehen gelernt und würden niemals mehr eine ähnliche politische Entwicklung zulassen! Darum klammere ich mich heute noch an diese kleine Hoffnung.

Doch weiter in meinem Tagebuch.

4. Mai 1945 (Fortsetzung). Den Nachmittag habe ich dazu benutzt, im Dorf herumzugehen und mit den Leuten zu reden. Das heißt, ich wollte mit ihnen reden. Wen auch immer ich ansprach, alle waren sie mir, dem Fremden, gegenüber mißtrauisch. Niemand ließ sich in ein Gespräch mit mir ein. Eine Ausnahme gab es, und das war, wie sich herausstellte, eine aus Gießen hierher evakuierte Frau. Ich traf sie beim Schuster, als ich meine geflickten Schuhe abholte. Sie beklagte sich darüber, daß sie noch immer wie ein unliebsamer Eindringling in die dörfliche Gemeinschaft behandelt würde, obgleich sie seit fast drei Jahren in Allendorf lebe.

Ein paar Stunden später hatte ich dann doch ein längeres Gespräch mit einem Waldarbeiter. Ich traf ihn zufällig in der Dorfschänke, wo der Wirt mir, dem vermeintlichen Ostfrontheimkehrer, ein Bier spendierte. Der Waldarbeiter hatte eine verkrümmte Schulter, die Folge eines Arbeitsunfalls, wie er mir erzählte. Darum wurde er nicht eingezogen. Er schimpfte auf die aus den Arbeitslagern befreiten Polen und Russen, die jetzt die deutsche Bevölkerung drangsalierten, stehlten, was nicht niet- und nagelfest sei, oder es den Bauern mit Gewalt abnähmen, ließ kein gutes Haar an den Amerikanern, die so überheblich seien, schimpfte auf die deutschen Frauen, die sich für eine Schachtel Zigaretten oder ein paar Nylonstrümpfe den GIs hingäben. Er war der Meinung, der Krieg sei nur durch Verrat verlorengegangen. Auf meine Rückfrage, wer denn nach seiner Meinung die Verräter seien, wußte er nichts Rechtes zu antworten. Er faselte etwas von Mussolini, von den Engländern und Rudolf Heß, aber das alles reimte sich nicht zusammen.

Das erinnert mich an die Dolchstoßlegende nach dem Ersten Weltkrieg, wenn sich über den jetzt zu Ende gegangenen Krieg auch nur ein unbedarfter Dorfbewohner geäußert hat. Aber seine brummeligen Bemerkungen sind für mich wie die »Stimme des Volkes«. Eine Dolchstoßlegende ist für das VerliererVolk, bestimmt nicht nur bei den Deutschen, Balsam für die betrübte nationalistische Seele, eine beruhigende Pseudoerklärung für etwas Unfaßbares, etwas, das »nicht sein kann, was nicht sein darf«.

Was der Waldarbeiter in seinem schwer verständlichen oberhessischen Dialekt heraussprudelte, ist sicher die Meinung der meisten Menschen hier. Und auch das, was mir die Frau heute morgen sagte. Die Einstellung zu Krieg und Hitlerfaschismus ist in den Dörfern und Kleinstädten anders als in der Großstadt. Ich habe den Eindruck, die Menschen auf dem Land sind auch weniger informiert als die Städter und haben einen noch viel stärkeren preußischen Untertanengeist. Ihre politische Rückständigkeit ist bei jeder Gelegenheit spürbar. Hitler hatte leichtes Spiel, diesen Teil des deutschen Volkes zu indoktrinieren und einzuschüchtern.

NACHTRAG 1994

Was ich am 4. Mai 1945 in mein Tagebuch eintrug, muß ich korrigieren. Die Redensart »Stadtluft macht frei«, die zu dieser Zeit gängig war, stimmte nicht. Vielleicht stimmte sie während und kurz nach dem Krieg, das kann ich heute schwer beurteilen, heute aber gilt sie auf keinen Fall mehr. Die Menschen in der Stadt wie auf dem Land sind in den neunziger Jahren gleichermaßen politisch uninteressiert und leicht beeinflußbar. Es gibt kaum noch Unterschiede im gesellschaftlichen Bewußtsein. Hier wie dort nimmt ein retardierender Konservatismus überhand und bauen sich die Neofaschisten starke Positionen auf. Die Redensart »Stadtluft macht frei« gilt längst nicht mehr.

5. *Mai.* Ich saß in einer deutschen Polizeistelle fest. In Löhnberg an der Lahn. Eine Militärpolizeistreife, die mit dem Jeep unterwegs war, hat mich schon bald, als ich aus Allendorf hinaus war, festgehalten, meinen Passierschein und meinen Staatenlosenpaß überprüft und irgend etwas daran nicht in Ordnung befunden. Der Streifenführer mit einem Gesicht wie eine Bulldogge und einer genauso bösen, knurrigen Stimme, wie sie mein Feldwebel in der Fritzlarer Kaserne hatte, befahl mir, in den Jeep einzusteigen. Dann brachten sie mich nach Löhnberg. Einerseits war das gar nicht so schlecht, denn ich brauchte diese Strecke nicht zu Fuß zurückzulegen. Obwohl meine Schuhe jetzt geflickt waren, kann ich nur sehr schlecht laufen. Ich habe an beiden Füßen Blasen, die bei jedem Schritt schmerzen. Darum komme ich nur kurze Strecken weiter. Die Amerikaner lieferten mich bei einer deutschen Polizeistelle ab. Ein deutscher Polizist verhörte mich und sperrte mich in eine Arrestzelle. Erst gute drei Stunden später ließ er mich wieder laufen. Er gab mir meine Papiere zurück und sagte nur: »Alles in Ordnung. Kannst gehen.« Wahrscheinlich hatte er sich auf Anweisung des amerikanischen Militärpolizisten in Frankfurt erkundigt und meine Angaben, die ich beim Verhör machte, bestätigt bekommen.

Durch diesen unfreiwilligen Aufenthalt kam ich nur bis zu einem kleinen Dorf abseits der Straße, das Hirschhausen hieß. Dort durfte ich mich bei einem Bauern in die Scheune legen. Die beiden Bauersleute waren freundlich zu mir, aber sehr verschwiegen. Sie hatten zwei unverheiratete Söhne, die beide noch bei den Soldaten waren, und eine Tochter, die gerade ihren Mann besuchte, der im Lazarett liegt. Mehr erfuhr ich nicht von ihnen. Ich fragte auch nicht weiter. Zum Abendessen holten sie mich in die große Küche, eine richtige altmodische Bauernküche, wo der Herd noch in der Mitte des Raumes steht. Wir haben sehr früh zu Abend gegessen, deshalb sitze ich noch im Freien auf einer Bank.

Als ich heute vormittag in der Arrestzelle eingesperrt war, hat mich etwas sehr nachdenklich gemacht, was mit meinem Aufenthalt in Allendorf zusammenhängt. Die Frau, bei der ich zwei Nächte bleiben konnte und die mir keine Auskunft über das Schicksal der Dorfjuden geben wollte, hat mir heute früh zwei Wurstbrote und ein Tütchen mit Zigaretten in meinen Rucksack gesteckt. Als ich mich von ihr verabschiedete, war sie sehr nett, den Unmut vom Vortag schien sie vergessen zu haben. Plötzlich sagte sie: »Gott kann nicht gewollt haben, daß wir den Krieg verlieren.« Ich fragte zurück: »Wer hat es denn gewollt?« Da sah sie mich verständnislos an, hob dann hilflos die Hände, drehte sich um und verschwand in der Haustür.

Auch noch den Tag über ging mir die Frau nicht aus dem Kopf. Sie hatte sicherlich nicht viel Ahnung von dem, was während der Hitlerzeit und des Kriegs an schrecklichen Dingen geschehen ist. Sollte sie doch einmal Einzelheiten erfahren haben, wollte sie die bestimmt nicht wahrhaben, damit sie mit ihrer Moral und Religion nicht in Konflikt geriet. – Ich bin unsicher. Hat sie wirklich nichts von all dem gewußt, was geschehen ist? Jeder Deutsche im Hinterland erfuhr Einzelheiten, mußte sie erfahren. Warum sollten nur mich diese Nachrichten erreicht haben, zum Beispiel in der Ingenieurschule, durch Arbeitskollegen, im Büro, durch Nachbarn, mit denen ich vertraut war?

Wenn diese Frau eines Tages einmal mehr über das erfährt, was vor und während des Kriegs geschehen ist, ob sie dann immer noch dabei bliebe: »Gott kann nicht gewollt haben, daß wir den Krieg verlieren«?

Noch etwas anderes läßt mir keine Ruhe: Warum konnte ich bisher niemandem verständlich machen, daß ich mich über den Ausgang des Krieges freue? Ich habe es, wenn ich ehrlich bin, auch nur selten versucht, zu sehr spürte ich die Stimmung der Leute und hörte ihre Reden. Ich bin auch noch keinem Menschen begegnet, der gesagt hätte: gut, daß die Nazis den Krieg verloren haben. Überall ist nur zu hören: Gott sei Dank, daß der Krieg zu Ende ist, und schade, daß Deutschland ihn verloren hat. Ich hoffe, in Frankfurt treffe ich eher auf Gleichgesinnte. Abwarten.

Beim Nachlesen der ungewöhnlich langen Tagebuchaufzeichnungen vom 5. Mai 1945 fällt mir eine Geschichte ein, die ich hätte schon damals niederschreiben können. Es war im Notlazarett bei den Ursulinen in Fritzlar, wo ich wegen der Fleckfieberinfektion in Quarantäne war. Neben mir im Bett lag ein Musiker aus Kassel, mit dem ich oft endlose Gespräche führte. Er war der einzige im Krankensaal, mit dem man sich ernsthaft unterhalten konnte, die andern spielten immer nur Karten. Er stellte sich mir keinesfalls als Antifaschist dar, er war aber auch kein Freund Hitlers. So kam es, daß sich unsere Gespräche immer häufiger um die politische Situation in Deutschland und den Krieg drehten. Als ich sicher war, daß er mich nicht denunzieren würde, konnte ich es wagen, ihm ganz vorsichtig meine Sympathie oder doch zumindest mein Verständnis für diejenigen Deutschen zu bekunden, die als Freiwillige in den alliierten Armeen oder im Untergrund gegen Hitlerdeutschland kämpften. Seine Reaktion darauf habe ich gut behalten und brachte mich ins Grübeln. Sinngemäß sagte er: du kannst reden, was du willst, wer gegen die Nazis kämpft, und mag seine Einstellung noch so gut und politisch vernünftig sein, der kämpft auch gegen die eigenen Landsleute, gegen die Deutschen. Das kann ich niemals gutheißen.

Nicht erst zu diesem Zeitpunkt, schon während der

Naziherrschaft hatte ich mich wiederholt gefragt und auch mit meinen politischen Freunden darüber gesprochen, wie man einem Deutschen klarmachen könnte, daß ein überzeugter Antifaschist, der gegen Hitler kämpfte, kein »Landesverräter« war, im Gegenteil, ein besserer Deutscher als die meisten andern, die untätig waren und behaupteten, sie hätten die Faust gegen die Nazis in der Hosentasche geballt und »inneren Widerstand« geleistet. Immer schon habe ich denen, die vom »inneren Widerstand« reden, mißtraut. In fast allen Fällen versuchen sie damit doch nur, ihr eigenes feiges Versagen in Zeiten der Not zu verdecken.

Wie schwer, fast unmöglich ist es auch heute noch, den meisten Menschen in diesem Land verständlich zu machen, daß der aktive Widerstandskampf gegen die Hitlerarmeen eine nationale Tat war und diese Widerstandskämpfer zu ehren, Verpflichtung sein müßte. Dieser Verpflichtung, die gleichzeitig gesellschaftliche Aufklärung zur Voraussetzung gehabt hätte, wurde in den Jahrzehnten nach der Befreiung mit Bedacht von den bundesdeutschen Politikern aus dem Weg gegangen.

Doch schlimmer als dieses Versäumnis aus Berechnung ist es, die Vergangenheit umzudeuten, das Attentat auf Hitler am 20. Juli 1944 zum Synonym für den Widerstand gegen das Hitlerregime schlechthin zu machen und jeden anderen Widerstand zu verharmlosen, zu vertuschen oder zu diffamieren. Genauer: der bereits 1933 einsetzende antifaschistische Widerstand der Arbeiterbewegung, der Kommunisten und Sozialdemokraten, wurde in den fünfziger Jahren, in den Jahren der Restauration, bedenkenlos aus der Geschichte wegradiert. Es hat Jahrzehnte gedauert, bis in die neunziger Jahre hinein, bis Korrekturen vorgenommen wurden und dieser Widerstand in der offiziellen westdeutschen Geschichtsschreibung erwähnt wurde.

Und was die Verschwörung vom 20. Juli betrifft, muß im Interesse historischer Lauterkeit gefragt werden: kann man es wirklich Widerstand nennen, elf Jahre lang mit den Nazis mitzumarschieren, ihre millionenfachen Untaten in allen eroberten Ländern mitzutragen, sie stillschweigend zur Kenntnis zu nehmen und erst Zentimeter vor dem Abgrund, Sekunden vor dem totalen militärischen Zusammenbruch noch zu versuchen, einen einzigen Schuldigen, Hitler, zu beseitigen, um noch zu retten, was längst nicht mehr zu retten war?

Diese Anmerkungen zum 20. Juli mögen vor allem dort, wo man eifrig bemüht ist, deutsche Geschichte zu »entsorgen«, Ärger auslösen und mit Vokabeln wie »linke Lügen« oder »jüdische Haßtiraden« belegt werden. Ich aber habe die Zeit während und nach dem »Dritten Reich« erlebt, und ich stehe mit meiner Meinung nicht allein, bekomme sie oftmals bestätigt, nicht nur von sogenannten Linken. So schreibt zum Beispiel der angesehene Historiker Frank Stern vom Institut für Deutsche Geschichte an der Universität Tel Aviv:

»Allein die Bezeichnung Widerstand für die Männer

des 20. Juli scheint mir vermessen. Es handelt sich wohl doch eher um schwankende Opposition. Die Partisanen in Polen und in der Sowjetunion, in Jugoslawien und Frankreich, die Haltung des Hofes und der Nazigegner in Dänemark, der Aufstand im Warschauer Ghetto, der Aufstand in Sobibor, der Widerstand in Auschwitz, Buchenwald und Mauthausen – das sind nur Beispiele für die europäische Geschichte des Widerstands gegen deutsche Besatzung, gegen den Nationalsozialismus, gegen preußisches Soldatentum und deutsche Militärtradition.«

Nur diese und andere entsprechende Taten, möchte ich ergänzen, rechtfertigen die Bezeichnung Widerstand, nur in diesen Fällen waren die Handelnden Widerstandskämpfer gegen den deutschen, den Hitlerfaschismus und keine vergeblichen »Retter in höchster Not«.

Und weil ich Jude bin, als solcher von den Nazis verfolgt wurde und zehn Jahre lang zitterte, ob ich erwischt und deportiert und am Ende ermordet werde, muß ich Moral und Integrität der Attentäter vom 20. Juli noch aus einem anderen Grund in Zweifel ziehen: des penetranten Antisemitismus maßgebender Mitglieder der Verschwörung wegen, der in offiziellen Verlautbarungen bisher verschwiegen wurde. Nachgelesen werden kann er in den Publikationen dieser Männer, unter anderem in denen von Goerdeler, Beck, von Hassel und von Dietz. Für sie war die »Judenpolitik« der Nazis kein Thema, kein Grund zum Widerstand.

Hätte das Attentat zum Erfolg geführt, wären Goerdeler Kanzler und Beck Reichsverweser geworden, so ist es den Planungsunterlagen der Verschwörergruppen des 20. Juli zu entnehmen, wären die Konzentrationslager weitestgehend bestehen geblieben und in Sammellager für die Ausweisung staatenloser Juden umgewandelt worden. Außerdem sollte festgelegt werden, daß allen Juden, die nach 1871 die deutsche Staatsbürgerschaft erwarben und von den Nazis ausgebürgert wurden, diese aberkannt bleibt, sie also staatenlos sind und bleiben. Goerdelers einschlägig bekannte »Vorschläge zur Lösung der Judenfrage« sahen vor, die Juden nach Südamerika zu deportieren.

Selbst für die jungen Offiziere im inneren Kreis des 20. Juli, die den Massenmord an den Juden entschieden mißbilligten und sich darum dieser Gruppe anschlossen, hätte es im Nachkriegsdeutschland eine »Judenfrage zu lösen« gegeben.

Um so unverständlicher ist es, daß jüdische Repräsentanten diesen Tag als den amtlichen Gedenktag des Widerstands akzeptieren und ohne Vorbehalt an den Gedenkfeiern teilnehmen.

Bei aller Kritik an den Verbrämungen der deutschen Vergangenheit steht jedoch außer Frage, daß kein Verschwörer gegen Hitler in Vergessenheit geraten darf, daß man aller Opfer gedenken muß, die gebracht wurden, um Hitler zu beseitigen. Kein Name darf verlorengehen.

EINE BÖSE ATTACKE

6. Mai. Der heutige Tag wird mir bestimmt lange in Erinnerung bleiben. In der Nähe von Weilmünster stieß ich an einem Waldrand auf den Biwakplatz einer amerikanischen Einheit. Einer der Soldaten, ich weiß nicht, ob er angetrunken war, stand auf und stellte sich mir in den Weg. Ich wollte an ihm vorbei, doch er hielt mich fest und fragte mich etwas auf englisch, was ich nicht verstand. Ich versuchte, mich freizumachen, da begann er, mich zu treten, und schlug mir ein paar Mal ins Gesicht. Die andern Soldaten riefen ihm etwas zu, was ich ebenfalls nicht verstand. Das kümmerte ihn aber nicht. Erst als ein anderer aufstand und ihn von mir wegzerrte, hörte er auf, mich zu schlagen.

Mein provisorischer Rucksack war mir von der Schulter gerutscht. Ich hob ihn schnell wieder auf und machte mich davon. Ein Amerikaner lief mir nach. Ich erschrak. Doch er schlug mir nur auf die Schulter und drückte mir eine kleine Pappschachtel in die Hand. Es war eine Armeeration mit Wurst, Käse, Knäcke- und Schwarzbrot, Keksen und drei Zigaretten.

Nachdem ich weit genug von den Amerikanern weg war, mußte ich mich erst einmal hinlegen. Es hat lange gedauert, bis ich mich von dem Schrecken erholt hatte.

Außer ein paar blauen Flecken am Schienbein und einer Prellung am Backenknochen ist mir glücklicherweise nichts Schlimmeres passiert.

Mein linker Schuh ist schon wieder kaputt. Beim Davonstolpern ist die Sohle erneut aufgerissen. Zwar nur ein kleines Stück, aber es behindert mich doch beim Laufen sehr.

Was hat das nur zu bedeuten, daß mich seit Fritzlar ständig meine Schuhe beschäftigen, mir Ärger bereiten? Ich träumte sogar schon von Schuhen. In einem Traum versuchte ich, meine Schuhe auszuziehen, schaffte es aber nicht. Was ich auch immer unternahm, ich bekam die Schuhe nicht von den Füßen. In einem andern Traum ging ich mit mehreren anderen Personen durch einen Wald. Wir gingen alle barfuß, hatten unsere Schuhe aber, an den Senkeln zusammengeknotet, um den Hals hängen oder trugen sie in den Händen. Wurzeln, Steine und Baumnadeln stachen in die Fußsohlen und machten das Gehen zur Qual. Wir liefen im Zickzack und torkelten hin und her, aber niemand, auch ich nicht, machte Anstalten, die Schuhe anzuziehen.

Dieser Ärger mit den Schuhen fing bereits im Lazarett bei den Ursulinen an. Dort hatte mir wahrscheinlich ein Lazarettinsasse, während ich in Quarantäne lag, meine Knobelbecher, die noch ordentlich in Schuß waren, entwendet und dafür ein paar völlig verschlissene Stiefel hinterlassen. Mit denen mußte ich dann auch aus dem Lazarett flüchten. Der Ärger setzte sich in Heimarshausen fort, wo sich der Jagdaufseher weigerte, mir die alten Stiefel zu überlassen, die er mir für die Arbeit auf seiner Wiese und seinen Feldern zur Verfügung gestellt hatte und die er selbst nicht mehr brauchte. Ich schwor ihm, die Schuhe sofort zurückzuschicken, wenn ich in Frankfurt angekommen sei. Das konnte ihn nicht umstimmen, und so mußte ich mich mit den ausgelatschten Schuhen auf den Heimweg machen. Kein Wunder, daß sie nach wenigen Kilometern wie weiche Pappkartons aufrissen. Und heute vormittag wieder das Malheur mit dem einen Schuh.

Ich überlege, daß Schuhe auch einen hohen Symbolwert haben. Schuhe, das bedeutet laufen, flüchten, auf Wanderschaft, in Bewegung sein. Und erst recht, wenn man von ihnen träumt. Kaputte Schuhe dagegen bedeuten sicherlich das Gegenteil, festgehalten werden, nicht vorwärts kommen können, vielleicht auch, nicht weitergehen wollen. Aber was hat das alles mit mir zu tun? Ich werde einmal ein Märchen schreiben, in dem Schuhe einen eigenen Willen haben und ihrem Besitzer, der in den Schuhen steckt, befehlen, welchen Weg er zu laufen hat.

Leider habe ich es bis heute nicht geschafft, dieses Märchen zu schreiben. Vielleicht schaffe ich es doch noch. Viel Zeit habe ich nicht mehr.

6. Mai (Fortsetzung). In dem Dorf Dombach fand ich ein Quartier bei einer liebenswürdigen Matrone. Sie bot mir auch gleich etwas zu essen an. Es war sehr früh am Nachmittag, aber die Attacke des amerikanischen Soldaten hat mich doch sehr mitgenommen. Ich hatte keine Lust mehr weiterzulaufen. Die Frau entschuldigte sich, daß sie mir zum Schlafen nur einen kleinen Holzanbau hinter dem Haus anbieten könne, sie erwarte noch Besuch von ihrem Bruder, der auch bei ihr übernachten wolle. Später kam dann der Bruder. Er war ein katholischer Pfarrer und kam aus Bad Nauheim. Auch Dombach ist ein katholisches Dorf. Nach dem Abendessen hatte ich ein gutes Gespräch mit ihm. Er war der erste Mensch, dem ich begegnete, der die Massenmorde an den Juden ohne weiteres glaubte und darüber ehrlich entsetzt war. Auch ich hielt mit meiner Einschätzung des Hitlerfaschismus nicht zurück, und so ergab sich Übereinstimmung zwischen uns. Das war auch der Grund, weshalb wir beim Abschied unsere Heimatadressen austauschten. Aber selbst er konnte sich nicht dazu durchringen, klar und deutlich zu sagen, er freue sich über den verlorenen Krieg. Ich versuchte ein paarmal, seine Ansicht darüber aus ihm herauszulocken. Er sagte immer nur: »Es ist gut, daß der Krieg zu Ende ist, er hat genug Opfer gefordert.«

*

Hier brechen meine Aufzeichnungen in Gerdis Notizbuch ab, obwohl ich noch eineinhalb Tage länger unterwegs war. Sicherlich erlahmte mein Schreibeifer, je näher ich Frankfurt kam. Als ich das Notizbuch zusammenklappen wollte, entdeckte ich in einer Innentasche am hinteren Buchdeckel ein eng zusammengefaltetes Blatt. Ich schlug es auf, es war eine Kopie. Am Kopf des eng mit Schreibmaschine beschriebenen Blatts steht: »Martin Böhne, Pfarrer der Pfarrei ›St. Franziskus‹, Romsthal« und darunter »Rückblick auf das vergangene Vierteljahr«. Romsthal liegt nahe des Solbads Bad Soden-Salmünster und gehört zum Bistum Fulda.

Ich erinnere mich, daß mir der katholische Pfarrer, den ich in Dombach kennenlernte und mit dem ich die Adressen austauschte, dieses Blatt einige Wochen später nach Frankfurt schickte mit dem Hinweis, sein Amtsbruder Böhne habe seine Predigt für so bedeutsam gehalten, daß er sie vervielfältigte und an die ihm bekannten Pfarrer als Anregung für Predigten in ihrem Sprengel gesendet habe. Er glaube, nach unserem Gespräch bei seiner Schwester könne mich dieses Schriftstück vielleicht auch interessieren.

Damals schob ich das Blatt nach dem Durchlesen in

Gerdis Notizbuch, denn es hatte etwas mit meinem Nachhauseweg zu tun. Und dort in der Innentasche vergaß ich es. Geantwortet habe ich dem Bad Nauheimer Pfarrer nicht. Ich hatte andere Sorgen.

Jetzt aber, beim nochmaligen Durchlesen, halte ich die Predigt als Zeitdokument für außerordentlich wichtig. Darum gebe ich sie teilweise im Wortlaut wieder.

EIN SEELSORGERISCHES PAMPHLET

Nach der Eröffnung, daß dieses Vierteljahr mit dem »hochheiligen Osterfest« begonnen habe, berichtete Pfarrer Böhne in düsteren, geradezu schauerlichen Worten von der Selbsttötung einer Familie und verkündete, daß deren Gräber eingeebnet würden. Danach fuhr er wörtlich fort:

»Ein Zweites, was ich euch zu sagen habe, betrifft das Verhalten gegenüber den ausländischen Soldaten.

Ihr könnt das Radio anstellen, wann ihr wollt, immer wird uns Deutschen gesagt, was für schlechte Menschen wir angeblich sind. Das hindert eine ganze Anzahl Einwohner nicht, um die Fremden herumzuschwänzeln, als ob sie die allerbesten Freunde wären, weil sie vielleicht eine Zigarette, eine Stück Kaugummi oder sonst etwas erben können. –

Habt ihr jetzt schon vergessen, daß es dieselben sind, die unsere Städte und Dörfer sinnlos zerstörten, deren Bomben Millionen Männer und Frauen, Greise und Kinder in der Heimat töteten, also unschuldige Menschen, ohne daß es kriegsnotwendig gewesen wäre –

die der hungernden Bevölkerung der Städte das Gemüse beschlagnahmen –

die ihren Überfluß lieber mit Benzin übergießen und

verbrennen, als ihn deutschen hungernden Kindern zugute kommen zu lassen –

die heute noch planlos in die Reisenden auf den Bahnhöfen hineinschießen –

die unsere deutschen Soldaten in ihren Lagern hungern und verhungern lassen!

Habt ihr alles schon vergessen? Habt ihr keinen Stolz? Mit den Fremden sich wie mit Freunden abzugeben, ist würdelos und charakterlos. Das gilt auch für die Eltern, die ihre Kinder um einiger Zuckersteine willen immer herumbetteln lassen. –

Schlimmer als das ist es, wie einige ehebrecherische Frauen und schamlose Mädchen sich mit den Soldaten herumtreiben. Ihre Namen brauche ich euch nicht zu sagen. Sie sind bekannt. Ihr seht diese Dirnen an allen Straßenecken den fremden Soldaten auflauern, sie in ihre Häuser holen, sich mit ihnen im Walde herumtreiben. Drei von ihnen haben sich mit drei Soldaten in der unzüchtigsten Weise abgegeben, wie man es sonst nur aus den verrufensten Großstadtgassen hörte. –

Es wäre angebracht, daß wir den alten deutschen Brauch wieder einführten, daß solche ausgeschämten Personen öffentlich ausgepeitscht und an die Schandsäule gebunden würden. Es ist Zeit, daß diese Schandflecken unserer Gemeinde mit eiserner Hand beseitigt werden.

Brandmarkt sie und sagt ihnen nicht einmal den Tagesgruß! – rät schon der Heilige Johannes. Diese Dirnen und Huren sollen ein für allemal gekennzeichnet sein und aus unserer Gemeinschaft ausgeschlossen werden, bis sie sich aufrichtig bekehren. Sie bringen unsere Pfarrei und besonders die Gemeinde Romsthal weit und breit in Verruf. Für euch gute und anständige Romsthaler tut es mir leid, daß ihr mit solchem Gesindel zusammenleben müßt. –

Auch die Kinder fehlen in dieser traurigen Chronik nicht. Fünf Meßdiener benutzten die Zeit während der Predigt oder Beerdigung, um Hostien in der Sakristei zu stehlen. Die Haupttäter seht ihr nicht mehr am Altar. Einer hat sich eine Tasche voll noch mit zum Kühehüten genommen. Wer Hostien stiehlt, stiehlt auch Opfergeld. Darum bitte ich die Männer unserer Gemeinde, wie früher die Kollekte wieder zu halten.«

Zum Schluß forderte Pfarrer Böhne die zum Gottesdienst Gekommenen auf, mit ihm für die »Sünder unter uns« zu beten.

Dieser klerikale Chauvinismus wurde damals von vielen Pfarrern im Bistum Fulda und auch in anderen Bistümern geteilt. Und darum sagt diese eine Schreibmaschinenseite mehr über die politische Einstellung und das Schuldverständnis eines großen Teils der Bevölkerung und deren kirchlicher Seelsorger aus als unzählige Berichte zur »Lage der Nation«, die in den Jahren direkt nach der Zerschlagung des Hitlerreichs abgefaßt wurden.

ANKUNFT IN FRANKFURT

Ich war erst nach den schrecklichen Bombenangriffen vom März 1944 zum Militär eingezogen worden und hatte bis dahin ständig in Frankfurt gelebt, in den letzten Jahren häufig im Keller unter unserem Haus, um mein und meiner Familie Leben bangend, wenn es Bomben vom nächtlichen Himmel regnete. Ich glaubte zu wissen, was mich bei der Heimkehr erwartete, doch was ich beim Anblick der Stadt zu sehen bekam, hatte ich in der Tat nicht erahnen können.

Wegen des Umwegs, den ich aus Sicherheitsgründen von Heimarshausen hierher gemacht hatte, kam ich von Süden, also über Sachsenhausen in Frankfurt an. Von weitem sah ich eine starke Dunstglocke über der Stadt, doch beim Näherkommen erkannte ich, daß dies keine Dunstglocke war, wie sie an warmen Tagen über Städten hängt, sondern eine Staubwolke, wie sie zu sehen ist, wenn auf der Kinoleinwand eine Rinderherde durch die Prärie getrieben wird. Unten am Mainufer waren aber nicht Rinder und Prärie Verursacher dieser himmelhohen Staubwolke, sie bildete sich aus feinsten Staubpartikeln, die von den riesigen Bergen Trümmerschutt ständig aufgewirbelt wurden.

Am Mainufer angekommen, das Wasser floß so träge,

als ob auch der Fluß Trauer trüge, traute ich meinen Augen nicht. Was englische und amerikanische Flugzeuge an Zerstörungswerk nicht geschafft hatten, war den deutschen Truppen bei ihrem Rückzug glänzend gelungen. Von meinem Standort am Eisernen Steg aus konnte ich sehen, daß alle Brücken, die den nördlichen Teil Frankfurts mit Sachsenhausen verbanden, gesprengt waren, sinnlos zerstört am Ende des total verlorenen Krieges.

Der Lebensnerv zwischen den beiden Teilen Frankfurts war damit zerschnitten. Sieben Brücken lagen im Wasser.

Auch das Mittelteil des Eisernen Stegs war weggesprengt. Die dadurch in Schräglage geratenen Seitenteile reckten sich wie klagend erhobene Arme in den Himmel. Mit einem großen Fischerkahn, der als provisorische Fähre diente, gelangte ich ans andere Ufer.

Neugierig betrachtete ich die Menschen, die mit mir in dem Kahn übersetzten. Ich glaubte, eine müde Gleichgültigkeit aus ihren Gesichtern herauslesen zu können. Sicherlich hatten die Kriegsjahre mit den vielen Bombenangriffen, der ständigen Angst ums Leben, den Entbehrungen, der Trauer um Männer und Söhne, die der Krieg vernichtet hatte, die Menschen abgestumpft. So war ihnen auch, schien mir, die Zerstörung der Brücken gleichgültig, sie nahmen es hin wie etwas Unvermeidbares, Schicksalhaftes. Keiner verlor ein Wort darüber, obwohl wir sehr nahe an dem eingeknickten Mittelteil des Eisernen Stegs vorüberfuhren. Sie waren schweigsam, müde, apathisch.

»Jubelausbrüche über das Ende des Krieges und die Chance eines Neubeginns hatte ich, als ich nach Frankfurt zurückgekommen war, bei denen, die im Inferno der Bombenangriffe bis zum bitteren Ende ausharrten, beileibe nicht erwartet, aber doch bei dem einen oder andern sichtbaren neuen Lebensmut, neuen Elan. Wenn ich durch die Trümmerstraßen ging, war in keinem der Gesichter, die mir begegneten, auch nur eine Spur davon sichtbar. Es dauerte einige Zeit, bis ich diese Haltung zu deuten verstand und mich korrigierte. Ich hatte nicht bedacht, daß die großen Sorgen um das Alltägliche, das Essen, ein Dach über dem Kopf, die Sorge um vermißte Angehörige, aber auch Wut und Trauer über den verlorenen Krieg bei den meisten Menschen das Aufatmen, das Gefühl, von der Angst um das eigene Leben befreit zu sein, überdeckten.« (Diese Sätze entnehme ich einer Reportage, die ich 1946 für die römische Zeitung »Il paese« schrieb.)

NACHTRAG 1994

Die erste wieder vollständig hergestellte Mainbrücke, die das Zentrum Frankfurts mit Sachsenhausen verbindet, wurde 1951 in einem feierlichen Akt eingeweiht. Sie erhielt den symbolträchtigen und verpflichtenden Namen Friedensbrücke. Doch noch bevor der damalige

Frankfurter Oberbürgermeister Walter Kolb das Tuch von dem in Sandstein gehauenen Namen herunterziehen und die Brücke für den Verkehr freigeben konnte, wurde der Name zur Farce. Wer die Brücke überquerte, hatte nicht den Frieden unter den Füßen. Die amerikanische Besatzungsmacht hatte die Brücke längst wieder für neue Zerstörung vorbereitet. Sie ließ sieben große Sprengschächte in den mittleren Pfeiler einbrechen und lagerte in Eschborn bei Frankfurt mehrere hundert Kilogramm hochbrisanten Sprengstoff, mit dem die Sprengschächte in kurzer Zeit gefüllt und die Brücke in die Luft gejagt werden konnte, unbeirrt davon, daß der Frankfurter Magistrat heftig dagegen protestierte und Parteien, Jugendverbände und Gewerkschaften Protestaktionen gegen das Vorhaben durchführten. Die Einwände des Frankfurter Magistrats beantwortete der amerikanische Stadtkommandant lakonisch mit den Worten, die »Inbetriebnahme« der Sprengkammern sei natürlich nur für den Ernstfall vorgesehen.

Auch die Kommunistische Partei rief ihre Mitglieder zu einer Protestkundgebung gegen das Einbrechen der Sprengschächte auf. Sie sollte in der Grünanlage auf der Frankfurter Seite der Brücke stattfinden. Doch die amerikanische Militärregierung verbot sie. Zum angekündigten Zeitpunkt versammelten sich dennoch viele Menschen an der Brücke. Ich war unter ihnen, denn auch ich war Mitglied der Kommunistischen Partei.

Kaum hatte ein Redner auf einer hochgestellten Kiste mit der Ansprache begonnen, jagte auf zwei Militärlastwagen ein Einsatzkommando der Militärpoliziei heran und trieb mit Schlagstöcken die Demonstranten auseinander. Auch ich machte recht schmerzhaft mit dem Schlagstock eines Militärpolizisten Bekanntschaft.

Auf diese neuen Vorbereitungen »für den Ernstfall« aufmerksam geworden, begann ich, mich mit einer anderen, im gleichen Jahr von den Amerikanern angebohrten Brücke zu beschäftigen. Es handelte sich um eine Eisenbahnbrücke über die Fulda bei Kassel. Jugendliche der Freien Deutschen Jugend hatten bei einer Paddelbootfahrt zufällig frisch eingebrochene Sprengkammern in deren Pfeilern entdeckt. In einer Nacht- und Nebelaktion mauerten sie die Sprengschächte zu. Die jungen Leute wurden verraten und von einem amerikanischen Militärgericht zu hohen Gefängnisstrafen verurteilt, die sie, so der amerikanische Richter, im Kriegsverbrechergefängnis Nummer Eins in Landsberg am Lech verbüßen sollten. Dieser Teil des Urteils wurde in zweiter Instanz wieder gestrichen.

Der Prozeß und auch das Urteil weckten mein journalistisches Interesse. Ich fuhr nach Kassel und recherchierte die Hintergründe des Falles – mit großen Schwierigkeiten, denn ich wurde während meiner Arbeit mehrmals von der amerikanischen und der deutschen Polizei verhaftet und verhört. Aus diesen Recherchen entstand das Buch »Die Brücke von Kassel«.

Vor zehn Jahren veranstalteten die »Grünen« eine ähnlich spektakuläre Aktion und mauerten die Sprengschächte an der Frankfurter Friedensbrücke zu. Das geschah nicht wie in Kassel bei Nacht, sondern am hellichten Tag und unter den Augen der Polizei. Außer daß die Personalien aller zwölf Akteure festgestellt wurden, geschah nichts weiter. Der Kalte Krieg war vorbei.

Die Sprengkammern sind noch immer vorhanden, in der Frankfurter und gewiß noch in vielen anderen Brükken in Deutschland. Auch in der Kasseler Eisenbahnbrücke, davon konnte ich mich kürzlich selbst überzeugen. Und auf vielen deutschen Landstraßen gibt es an strategisch wichtigen Stellen ebenfalls noch immer gebrauchsfähige Sprengkammern, deren Einbau die amerikanische Besatzungsmacht verfügte.

NACHTRAG ENDE 1994

Am Neubau der Friedensbrücke, der zur Zeit im Gange ist, fehlen allem Anschein nach die Sprengkammern. Vom Ufer aus habe ich keine mehr entdeckt.

ÜBERLEBENSPRAKTIKEN

Mein Vater und meine Schwester wohnten noch in der alten Wohnung in der Kaiserhofstraße. Das Haus gehörte zu den wenigen Gebäuden dieses Stadtteils, die von der Zerstörung verschont geblieben waren. Ich war glücklich, meine Angehörigen unversehrt und in einer noch benutzbaren Wohnung wiederzufinden. Nur mein Bruder Alex fehlte uns sehr. Zu diesem Zeitpunkt wußten wir noch nicht, daß er nie mehr zurückkehren würde.

Vom Tag meiner Ankunft begann auch für mich der Kampf ums Überleben, ein Kampf, den alle Menschen, die sich in der Stadt aufhielten, also auch meine Angehörigen und ich, führen mußten.

Zuallererst ging es darum, den täglichen Hunger zu stillen. Von den offiziellen Rationen, die es auf Lebensmittelkarten gab, konnte man bestenfalls in Raten verhungern. Also war man darauf angewiesen, sich auf illegalem Weg, auf dem Schwarzen Markt oder durch Tauschhandel mit den Amerikanern, etwas zum Essen zu beschaffen. Eine gute Überlebenschance hatte man auch, wenn man einen der heißbegehrten Jobs bei den Amerikanern ergatterte. Dort fiel immer etwas für einen ausgehungerten Deutschen ab. Beim Hungern war ich den Deutschen gleichgestellt.

Kein Wunder, daß die Boys aus Übersee bei deutschen Frauen sehr gefragt waren. Für Liebe gab es alles, was ansonsten im besiegten Deutschland Mangelware war, auch einen guten Job in einer amerikanischen Dienststelle. Warum sollte es in Deutschland anders sein als überall dort, wo sich Besatzungssoldaten in einem besiegten Land befinden?

Männer jedoch waren auf Beziehungen angewiesen, damit sie einen nahrhaften Job bei den Amerikanern bekamen, oder Sie mußten, was ich tat, einen amerikanischen Soldaten bestechen. Ich hatte das Glück, noch Kontakt zu einer Frau zu haben, mit der ich mich einmal sehr gut verstanden hatte. Sie war eine überzeugte Antifaschistin, stand also im politischen Spektrum weit links. Obwohl sie ideologisch himmelweit von den amerikanischen Kapitalisten entfernt war, hatte sie einen Boyfriend. Ihre politischen Ansichten kamen ihrer Liebe offenbar nicht in die Quere. Auch hier, so schien es, ergänzten sich Gefühle und Zweckdenken hervorragend.

Der Boyfriend, ein Second Lieutenant, war in der Verwaltung des zentralen amerikanischen Offizierskasinos beschäftigt. Es befand sich, und befindet sich auch heute noch, in einem flachen, langgestreckten Bau hinter dem ehemaligen Verwaltungsgebäude der IG Farben im Frankfurter Westend.

Das Kasino hatte täglich über zweitausend Offiziere mit drei Mahlzeiten zu versorgen. Dazu wurden viele deutsche Arbeiter gebraucht, Köche, Bäcker, Lagerarbeiter, Kellner und Serviererinnen und ein ganzes Heer von Putzkräften, außerdem etwa hundert amerikanische Soldaten zur Bewachung der Deutschen.

Dort im Kasino hatte der Offizier auch meine frühere Freundin kennengelernt, die ebenfalls durch Beziehungen, aber auch, das muß man gerechterweise sagen, wegen ihrer guten englischen Sprachkenntnisse als Serviererin im Kasino arbeiten konnte. Eines Tages erfuhr sie von ihrem amerikanischen Freund, daß in der Bäderabteilung im Untergeschoß des Kasinos eine männliche Putzkraft gesucht werde. Und obwohl wir im Krach auseinandergegangen waren, erinnerte sie sich noblerweise an mich und bat den Offizier, mir diese Stelle zuzuschanzen. Ihr Freund war damit auch einverstanden, aber keineswegs aus reiner Zuneigung zu seinem deutschen Mädchen. Einen materiellen Ausgleich wollte er für seine Vermittlung schon haben. Und da er ein Sammler alter Taschenuhren war, verlangte er als Gegenleistung, daß ich ihm ein schönes Stück besorge.

Soweit ich das Geflecht von Leistung und Gegenleistung durchschauen konnte, waren solche Kompensationsgeschäfte in dieser Zeit, wenn es um lukrative Arbeitsplätze ging, die Regel. Und weil bei weit über zweihundert deutschen Arbeitern im amerikanischen Offizierskasino die Fluktuation zwangsweise stark war – es wurde viel geklaut, und viele wurden erwischt und auf der Stelle hinausgeworfen und ihr Arbeitsplatz sofort wieder neu besetzt – konnte der amerikanische Offizier seine Taschenuhrsammlung beträchtlich erweitern.

Es gelang mir auch tatsächlich, eine alte Taschenuhr aufzutreiben; ich wußte aber nicht, welchen Wert dieses antiquarische Exemplar hatte, das wußte der Second Lieutenant wahrscheinlich auch nicht, ich bezahlte dennoch einen horrenden Preis – und wurde Bäderputzer im amerikanischen Offizierskasino. Die immensen Unkosten holte ich während meiner Arbeit im Kasino bald doppelt und dreifach wieder herein.

Ich habe mich später oft gefragt, ob mein Entschluß, bei den Amerikanern täglich die Dreckränder der Badewannen wegzuschrubben, um dem Hungern zu entgehen, anstatt wieder als Ingenieur zu arbeiten, ehrenwerter gewesen sein soll, als sich einen Boyfriend zu halten? War das, läßt man einmal den Unterleib aus der Betrachtung, nicht auch Prostitution? Es war nichts anderes, wenn ich es auch darum tat, damit meine Angehörigen, vor allem der Vater, etwas zu essen hatten. Sie alle hungerten sehr.

Heute ist es mir kaum möglich, mich in meine damalige Gemütslage hineinzuversetzen. Zu was war ich damals willens und fähig. Ich habe Schwarzmarktgeschäfte gemacht, im Offizierskasino Lebensmittel gestohlen, und das nicht nur für den eigenen Bedarf und ohne Gewissensbisse. Ich habe Kippen gestochen, von den Amerikanern weggeworfene Zigarettenkippen aufgesammelt und den Resttabak in selbstgedrehten Zigaretten geraucht. Ekelgefühl kannte ich nicht. Ich habe dafür gesorgt, daß niemand die amerikanischen Offiziere störte, wenn deutsche Jungen sie unter der Dusche abseiften. Das gehörte zu meinem Job, das erwarteten sie von mir. Und ich kam meinem Job nach, damit meine Stellung als Bäderputzer nicht in Gefahr geriet.

Wie meine Handlungsweise auch einzuschätzen ist, jedenfalls brauchten wir, mein Vater, meine Schwester Paula und ich, nicht mehr zu hungern. Wir konnten sogar Lebensmittel an darbende Parteifreunde abgeben. Von ihnen erhielt ich des öfteren auch Pretiosen, einmal eine wertvolle Halskette, das andere Mal eine teure Uhr oder eine Goldmünze mit der Bitte, sie bei den Amerikanern in hochwertige Nahrungsmittel oder in bare Dollars zu verwandeln. Das tat ich selbstverständlich, ohne daran zu verdienen. Unter Genossen war das Ehrensache.

WIEDERGUTMACHUNG – WOFÜR?

Noch immer hatte ich meine über ein Jahrzehnt währende Angst, als Jude entdeckt zu werden, nicht überwunden. Wie ein eiserner Pfeil mit starken Widerhaken steckte sie in meiner Seele. Es war auch keine richtige Angst, eher das scheußliche Gefühl, ertappt werden zu können. Von wem, konnte ich nicht sagen, aber dieses bohrende Gefühl war vorhanden und ließ mich nachts in Alpträumen aufschrecken.

Und doch – es klingt wie ein Widerspruch – war ich weit von meinem Judentum entfernt. Mein Bewußtsein war geprägt von meinem kommunistischen Elternhaus und meiner Tätigkeit in einer kommunistischen Widerstandsgruppe. Ich war Kommunist und nichts weiter. Was konnte mich da schon mein Judentum interessieren? Drängten sich mir dennoch Fragen über meine Jüdischkeit auf, schob ich sie beiseite und redete mir ein, im Augenblick gäbe es wichtigere Aufgaben zu lösen, Fragen von höchstem politischen Rang, die Veränderung der gesellschaftlichen Verhältnisse, die Errichtung eines sozialistischen Staates hier im Westen.

Die jüdischen Kommunisten, ich habe viele kennengelernt, denn die politischen Freunde meiner Eltern waren fast alle Juden, lebten in der festen Überzeugung:

Für uns gibt es kein gesondertes jüdisches Problem. Wir kämpfen für eine sozialistische Gesellschaft. Und haben wir erst einmal den Sozialismus errungen, löst sich das jüdische Problem von allein, denn in »unserem« Staat werden alle Rassen und Völker gleichgestellt sein, uneingeschränkt. Welch ein unverzeihlicher, verhängnisvoller Irrtum. Viele haben ihn mit ihrem Leben bezahlt.

Bevor ich den von vielen Deutschen beneideten Job in der Bäderabteilung des Offizierskasinos hatte, hungerten und darbten wir wie alle Deutschen, die keine Beziehungen zu Amerikanern hatten, und versuchten, Eßbares auf dem Schwarzen Markt zu beschaffen.

Als dann in der amerikanischen Zivilverwaltung und bald auch bei den deutschen Behörden sogenannte Wiedergutmachungsstellen eingerichtet wurden, hatten wir in der Familie auch kurz daran gedacht, uns als Empfangsberechtigte eintragen zu lassen, um Extrazuteilungen an Lebensmittelkarten, vielleicht einmal ein Carepaket und Entschädigungszahlungen zu bekommen wie andere politisch und rassisch Verfolgte auch. Nach einem langen Familienrat verzichteten wir darauf. Andere Juden, so war unsere Überlegung, hatten die nächsten Angehörigen verloren, Eltern und Großeltern, Brüder und Schwestern, dazu ihr Hab und Gut, waren in KZs und Zuchthäusern mißhandelt, gefoltert, an Körper und Seele für ein ganzes Leben lang geschädigt worden. Und wir, die Sengers? Wir hatten im Hinterhaus gesessen und gezittert. Und wir lebten. Zweifellos mit einigen seelischen Blessuren, aber wir lebten! Bald würden die Blessuren vernarben. Sollten wir wirklich ein moralisches Anrecht auf Entschädigung haben? Andere, deren Wunden nie mehr verheilen konnten, hatten weitaus berechtigtere Ansprüche.

Das war nur ein Argument für den Verzicht. Dazu kam, daß wir uns auch nicht als politisch Verfolgte bezeichnen mochten. Wohl hatten meine Schwester und ich einer Widerstandsgruppe angehört, sieben Jahre lang, aber uns war nichts geschehen, wir waren bei unserer illegalen Tätigkeit nicht erwischt worden, waren keinen Repressalien ausgesetzt, mußten nicht ins Ausland fliehen.

Das vielleicht aber wichtigste Argument für unseren Verzicht war, daß wir unsere Abstammung vom Volk Israel hätten nachweisen müssen. Aber wie konnten wir das? Die deutschen Behördenstellen waren übergenau und schikanös, besonders die in Wiesbaden, wo wir unsere Anträge hätten stellen müssen. Außer einer entfernten Verwandten meiner verstorbenen Mutter, die aber sehr bald wegen der im Konzentrationslager Ravensbrück durch Folter erlittenen seelischen und körperlichen Wunden ihrem Leben ein Ende setzte, lebte aus den Mischpochen von Vater und Mutter niemand mehr. Sie waren alle von SS- und Wehrmachtstruppen in ihren Wohnorten oder in Vernichtungslagern ermordet worden. Es war auch unmöglich, aus den Geburtsstädten meiner Eltern, Nikolajew und Otschakow in der Ukraine, Dokumente zu besorgen.

Wie also beweisen, daß wir Juden sind? Sollte ich etwa die Hose herunterlassen und den deutschen Sachbearbeitern das »Zeichen des Bundes« präsentieren? Selbst wenn ich es getan hätte, es würde nichts genutzt haben. Wer von diesen Beamten hätte schon einen rituellen Schnitt von einem medizinischen unterscheiden können?!

Gewiß, es lebten noch viele jüdische Freunde meiner Eltern verstreut in aller Welt. Wir hätten von ihnen eidesstattliche Erklärungen über unsere jüdische Abstammung erbitten können und hoffen, daß die Beamten in den Entschädigungsstellen sie anerkennen würden.

Eine solche peinliche, entwürdigende und aufwendige Suche nach Belegen unserer jüdischen Abstammung war uns zuwider. Außerdem mußten wir vor den neuen alten Beamten mit den braunen Vergangenheiten, die wir zutiefst verachteten, antichambrieren. Das war uns einfach zu widerlich, und deshalb fuhr niemand von uns nach Wiesbaden, um Anträge zu stellen.

Aus heutiger Sicht war unser Verhalten damals naiv, geradezu lächerlich. Man bedenke jedoch, mit welchen Gefühlen wir 1945 aus unserem Lügengebäude herauskrochen. Zwar waren wir noch immer gezeichnet von jahrelanger Angst, aber wir fühlten uns befreit vom

Hitlerfaschismus und befreit von der krampfenden Angst. Wir hätten die ganze Welt, nicht nur unsere Freunde, umarmen mögen. Und welche Euphorie hatte uns erfaßt! Jetzt konnte nur noch alles besser werden. Wir konnten mithelfen, eine bessere, sozialere, friedlichere Welt aufzubauen. Wir krempelten die Ärmel auf. Da schmolzen Fragen nach Entschädigung und Wiedergutmachung zu Bagatellen zusammen. In unserer Welt, in der Diskriminierung bloß noch ein Fremdwort und Judenfeindschaft nur noch eine Reminiszenz an frühere Zeiten sein würden, brauchten wir nicht um Geld zu schachern. Wir brauchten es schon jetzt nicht, denn wir waren überzeugt, daß es uns in absehbarer Zeit gelingen werde, diese neue Welt zu errichten.

HINWENDUNG ZUM JUDENTUM

Im Frankfurter Vorort Zeilsheim richteten die Amerikaner eine zentrale Auffang- und Durchgangsstation für Juden ein, die aus den Vernichtungslagern befreit worden waren und die es in den Westen verschlagen hatte. Bis zum Jahresende kamen hier über dreitausend Überlebende zusammen.

Ich hatte kein Verlangen, mit diesen Juden in Kontakt zu treten. Meine ganze Aufmerksamkeit galt meinen Freunden aus dem Widerstand und den aus den Konzentrationslagern und der Emigration zurückgekehrten Kommunisten. Mit ihnen zusammen sollte der Neuanfang gelingen. Zuerst wollten wir eine illegale Organisation schaffen, aus der später dann, wenn es die Amerikaner genehmigen würden, eine Partei entstände, eine kommunistische selbstverständlich. Was mir neben der mühsamen Beschaffung von Lebensmitteln und Brennmaterialien für meine Familie noch an Zeit verblieb, widmete ich dieser Aufgabe und dieser Gruppe. Wie sollte ich da auf die Idee kommen, mich im Lager Zeilsheim umzusehen und dort meine Brüder und Schwestern zu suchen und zu erkennen?

Die Zeilsheimer Juden taten ein übriges, die Distanz zur Frankfurter Bevölkerung, und so auch zu mir, zu wahren. Ihr Bewußtsein, sich im Land der Mörder ihres Volkes aufzuhalten, ihr Mißtrauen und ihr Haß auf alles Deutsche führten dazu, daß sie sich in einer geschlossenen Gesellschaft abkapselten und nur die eine Hoffnung kannten, so schnell wie möglich in ein anderes Land übersiedeln zu können.

Gekommen sind sie zum größten Teil aus den Stetls und den Gettos polnischer und anderer osteuropäischer Großstädte, ihre Muttersprache war Jiddisch, und sie waren gläubige, orthodoxe Juden. Als ich später mit einigen von ihnen zufällig in Kontakt kam, war mir sogar ihr Jiddisch fremd, es klang ganz anders als das mir vertraute Frankfurter Jiddisch der Vorhitlerzeit, und ich hatte Mühe, es zu verstehen.

Später dann, als die Ausreise in die Vereinigten Staaten, nach Kanada, Südamerika oder auch Palästina sich doch nicht so schnell bewerkstelligen ließ, weil eine Reihe Länder Schwierigkeiten bei der Einreise machten oder sie ganz verweigerten, änderte sich das Verhalten der Zeilsheimer Juden. Sie begannen, sich vorsichtig ihrer nichtjüdischen Umwelt zu öffnen. Verständlicherweise blieben sie mißtrauisch, aber die Großzügigkeit der amerikanischen Besatzer und das schlechte Gewissen der Beamten in den deutschen Dienststellen – es äußerte sich in einem regelrechten Wiedergutmachungskomplex – machte ihnen das Weiterleben im Land ihrer Henker jedoch leicht.

Im Lager Zeilsheim wurde 1948 auch eine neue jüdische Gemeinde für Frankfurt gegründet, fast ausschließlich von osteuropäischen Juden. Diese Gemeinde war also orthodox und blieb es in ihrem Kern bis heute. Das war später auch einer der Gründe, weshalb ich als Ungläubiger lange zögerte, ihr beizutreten.

Meine Hinwendung zum Judentum, das Verlangen, nach meinen Wurzeln zu suchen, kam nicht von heute auf morgen. Ganz allmählich nur sammelten sich in mir Fragen, die immer drängender wurden. Wer bist du? Wo kommst du her? Was bedeutet es, beschnitten zu sein, das unauslöschbare Zeichen des Bundes zu tragen?

In den Jahren vor 1933 war Jüdischkeit in der Familie Senger kein Thema. Meine Eltern waren keine gläubigen Juden, und sie gehörten nicht der Israelitischen Gemeinde an. Dennoch hatten sie mit ihrer jüdischen Tradition nicht gänzlich gebrochen, ließen wie selbstverständlich mich und meinen Bruder beschneiden, brachte meine Mutter das beste Essen der Woche am Freitagabend auf den Tisch, ohne daß Schabbesbeginn mit einem Wort erwähnt wurde, pflegten Vater und Mutter im häuslichen Kreis und mit den Freunden ihre jiddische Muttersprache, erklärten uns Kindern jüdische Symbole und Bräuche, schickten uns zu Purim- und Chanukkafeiern in den jüdischen Gemeindesaal und ging mein Vater mit mir an den Hohen Feiertagen in die Synagoge.

Das alles aber hatte nichts mit jüdischem Bewußtsein

zu tun, das war einfach Tradition, gehörte zu unserem Alltag. Ich erinnere mich nicht, daß in unserem Familienkreis oder dem Freundeskreis meiner Eltern einmal eine speziell jüdische Problematik besprochen wurde. Leben und Tun meiner Eltern war von ihrer kommunistischen Einstellung geprägt, hinter der unser Judentum nahezu unsichtbar blieb.

Es war erst der Hitlerfaschismus, der mich zwang, mich mit meinem Judentum zu beschäftigen, darüber nachzudenken, wo meine Wurzeln sind, wo ich herkomme, warum mein Volk, meine Familie und ich bedroht und verfolgt wurden. Und bald nach der Befreiung ergaben sich Augenblicke, wie eine Gedenkfeier für die jüdischen Opfer nationalsozialistischer Gewaltherrschaft, nach der diese Fragen Antworten verlangten. Und ich lernte mich als Jude zu verstehen und zu bekennen.

ANGEPASST UND SUBALTERN

Wenn ich mich an meine ersten Eindrücke im zerstörten Frankfurt zurückerinnere, dann gehört der Opportunismus, dem ich begegnete und der die gesamte Bevölkerung erfaßt hatte, unbedingt dazu. Es war das gleiche peinliche Schauspiel, dem ich bereits an meinem ersten Zufluchtsort bei den drei Nazifrauen im Jagdhaus begegnete. Von einem Tag auf den andern hatten sich bei den meisten Deutschen die Amerikaner vom Erzfeind zum Blutsbruder verwandelt. Noch peinlicher aber war, wie sie sich uns gegenüber, den letzten noch lebenden Juden, verhielten.

Was die Juden, die die KZs überlebt hatten, und die Emigranten, die nach Deutschland zurückgekehrt waren, mir erzählten, deckt sich aufs Haar mit dem, was ich selbst erlebt habe: dieses servile Grüßen, das Schulterklopfen der alten Bekannten, diese ganze übertriebene Judenfreundlichkeit. Ich will einfach nicht glauben, daß es lediglich Anteilnahme an unserem schrecklichen Schicksal war, wenn man uns plötzlich so überaus liebenswert und umarmungswürdig fand. Oder auch die scheinheilige Versicherung, unzählige Male wiederholt, nichts gewußt zu haben.

Diese mir auf Schritt und Tritt begegnende Subalternität brachte mich ins Grübeln: ist sie eine typisch deutsche, gewissermaßen im deutschen Wesen verankerte Eigenschaft, eine Fortsetzung des sprichwörtlichen deutschen Untertanengeists der vergangenen Jahrhunderte? Oder ist dieses Verhalten in Zeiten der Not allen Menschen eigen, ganz gleich, welcher Nation, Rasse oder Religion sie angehören? Nach zwölf Jahren böser und bitterer Erfahrungen mit »ein Volk, ein Reich, ein Führer« und dem schauderhaften Denunziantentum, das die ganze Zeit über staatlich gefördert und honoriert wurde und in allen Lebensbereichen wie ein Krebsgeschwür wucherte, neige ich eher zur ersten Annahme.

Als hätte sie der Wind davongeweht, gab es plötzlich niemanden mehr, der noch in den Monaten zuvor bei jeder Gelegenheit den rechten Arm hochgereckt und mit lautem »Heil Hitler!« gegrüßt und bei jeder Durchhalte-Versammlung »Führer, wir folgen dir!« geschrien hatte. Es gab nur noch Gegner der Nazis, bestenfalls leutselige Mitläufer, die versicherten: »Wir haben nur unsere Pflicht getan.«

Daß diese unguten Gedanken über das Verhalten der Deutschen keinem Haß entspringen – wiewohl mir das Recht zum Hassen zugestanden hätte – vermag ich leicht zu belegen. Ich brauche mich nur an die Situation in unserer Straße, der Kaiserhofstraße, zu erinnern, die ich bei meiner Rückkehr vorfand.

Die Kaiserhofstraße ist eine kleine, überschaubare

Straße mit zwanzig Hausnummern. In ihr kannte jeder jeden, wußte um seine ganz privaten, familiären und beruflichen Probleme und seine politische Einstellung. Man konnte alle Bewohner der Straße mit einiger Sicherheit einstufen in politisch Gleichgültige, Mitläufer, Nazis und fanatische »Hundertfünfzigprozentige«. Sicherlich war auch der eine oder andere darunter, der gegen die Nazis war. Aber wer konnte das schon publik machen?

Ich kannte auch alle Bewohner der Straße sehr gut und wurde zudem von meinen Eltern eindringlich vor bestimmten Nachbarn gewarnt. Darüber hinaus wußte ich über die Kaiserhofclique, der ich als Jugendlicher angehörte und in der wir keine Geheimnisse voreinander hatten, welches politische Klima in den anderen Familien herrschte. Mir waren nicht nur die Schlafzimmergeheimnisse, sondern auch die Brauntöne vieler Nachbarn bekannt.

Doch was bekam ich zu hören? Von jedem Mitbewohner in der Straße, dem ich in den nächsten Wochen und Monaten begegnete, hörte ich stets die gleichen Beteuerungen. Entweder: ich hatte nie etwas mit den Nazis zu tun, oder: ich war schon immer dagegen, mein Hakenkreuzabzeichen auf dem Revers war nur Tarnung. Und zum Schluß kam dann oftmals die zusätzliche Versicherung, irgendwann einmal irgendwo einem Verfolgten geholfen zu haben.

WIDERSTAND

Es liegt schon einige Zeit zurück, ich schätze, es war Ende der sechziger Jahre, daß es während einer Veranstaltung des Freundeskreises zur Pflege deutsch-jüdischer Kulturwerte der Franz-Oppenheimer-Gesellschaft zu einer Debatte über den mangelnden Widerstand der Deutschen gegen das Naziregime und die Judenverfolgungen gekommen war. Bittere Klagen von Überlebenden waren zu hören, böse Vorwürfe über das passive Verhalten von Nachbarn und Arbeitskollegen.

Da schaltete sich Frau M., eine Nichtjüdin, die ich von Zusammenkünften der Gesellschaft für christlich-jüdische Zusammenarbeit her kannte, in die Diskussion ein. Es sei falsch, solches Nichtstun zu verallgemeinern, widersprach sie. Sie kenne genug Menschen, die Widerstand geleistet hätten, und das seien weiß Gott nicht bloß Kommunisten oder Sozialdemokraten gewesen, sondern brave, parteiungebundene Bürger.

Diese Worte versetzten meinen früheren Parteifreund Ludwig Joseph in Aufregung. Er hatte es, als er seine Jüdischkeit wiederentdeckte und sich von den Kommunisten löste, bis zum Vorsitzenden des Gemeinderats der Jüdischen Gemeinde in Frankfurt gebracht. Mit seinem leicht cholerischen Temperament und heiserer Stimme fragte er Frau M.: Sie solle ihm doch einmal verraten, wie der Widerstand dieser braven Bürger ausgesehen hätte?

»Nichts leichter als das«, erwiderte Frau M., »ich kann auf der Stelle ein halbes Dutzend Namen von Menschen nennen, die jüdischen Familien beispielsweise heimlich Lebensmittel oder auch Lebensmittelmarken zugesteckt haben. Einige von ihnen haben sogar verfolgte Juden versteckt.«

Bei dieser Antwort hielt es Ludwig Joseph nicht mehr auf seinem Platz. Er sprang auf, reckte den Kopf weit nach vorne, als wolle er in die Nase der ihm gegenübersitzenden Frau M. beißen, und fauchte: »Und das nennen Sie Widerstand, einem Juden geholfen zu haben?« Er wandte sich demonstrativ von Frau M. ab und den Versammelten zu und erläuterte in seiner aufgeregten Art, was er unter Widerstand verstehe: gezielte Aktionen zur Schwächung des Naziregimes und letztlich dessen Beseitigung. Einem Juden geholfen zu haben, mache niemanden zum Widerständler. Darin drücke sich allenfalls ein Stück Menschlichkeit aus, die eigentlich der Normalfall hätte sein sollen. Aber Widerstand sei das nicht gewesen.

Und da er nun mal so gut im Schwung war, schloß er der Philippika über »Was ist Widerstand?« auch noch seine sehr eigenwillige Meinung darüber an, welche Bedeutung der KZ-Haft zukomme. Oft hatte er seine Ansicht geäußert, auch schon während seiner Zugehörigkeit zur KPD, was ihm dort viel Ärger eingebracht hatte. Er erklärte, genau so wenig wie die Hilfe anständiger Bürger für Juden Widerstand gewesen sei, dürfe es als Verdienst oder gar eine Heldentat angesehen werden, wenn jemand im Konzentrationslager eingesperrt gewesen sei. Für jeden einzelnen sei das ein großes Unglück, ein Stück verlorenes Leben gewesen, aber sonst nichts. Auf einem ganz anderen Blatt stände, wie man sich im KZ verhalten habe und wie das zu beurteilen sei.

Ludwig Joseph fand mit seinen Meinungen bei den anwesenden Juden ein geteiltes Echo. Die einen klatschten, die andern protestierten. Frau M. dagegen verließ tief beleidigt und mißverstanden den Saal. Ich habe sie auch nie mehr bei Veranstaltungen der Gesellschaft für christlich-jüdische Zusammenarbeit gesehen.

Dazu muß man wissen, daß Ludwig Joseph im holländischen Untergrund gegen die deutschen Besatzer kämpfte, eine illegale kommunistische Zeitung herausgab, in Rotterdam einen Generalstreik mitorganisierte und an Sabotageakten gegen militärische Einrichtungen der Deutschen teilnahm. Dafür wurde er später vom holländischen Staat mit der Verdienstmedaille »Unter Einsatz seines Lebens – für die Freiheit Hollands« ausgezeichnet. Seine Auseinandersetzung mit Frau M. war also kein akademischer Disput, er wußte, wovon er sprach.

Dieser turbulente Nachmittag ist mir darum so gut in Erinnerung geblieben, weil es auch das erste Mal war, daß ich mir darüber Klarheit verschaffen wollte, was unter Widerstand zu verstehen sei. Ich klärte und klärte, und am Ende mußte ich Ludwig Joseph recht geben.

Bald darauf schrieb ich einen Erinnerungsbericht über die Gruppe jüdischer Kommunisten, die sich nach dem Machtantritt Hitlers in Frankfurt gebildet hatte und sich oft in unserer Wohnung traf. Diese Gruppe half verfolgten jüdischen Genossen, versteckte sie, versorgte sie mit Lebensmitteln und schaffte etliche über die Grenze ins nichtfaschistische Ausland. Hatte ich sie bisher als Widerstandsgruppe bezeichnet, so vermied ich das jetzt und nannte sie eine politische Hilfsgemeinschaft, was sie in der Tat war.

Im März 1994 bekamen die Fragen, was ist Widerstand und wer ist ein Widerstandskämpfer, noch einmal eine unerwartete Aktualität. Zu dieser Zeit kam Steven Spielbergs Film »Schindlers Liste« in die deutschen Kinos, und es entspann sich eine breite Diskussion darüber, wer Schindler politisch und menschlich gewesen war. Bei den meisten galt Schindler als ein mutiger Mann, der zwölfhundert Juden, die für den Marsch in die Gaskammern bestimmt waren, vor der Ermordung gerettet hatte. Er hatte damit auch deutlich gemacht, daß es immer wieder Möglichkeiten gab, Juden zu helfen. Aber – Schindler war kein Widerständler, kein Kämpfer gegen das Naziregime.

Eine bedenklich stimmende Begleiterscheinung dieses Films war, daß sich überall in Deutschland neue Schindler meldeten, die, einem merkwürdigen Rechtfertigungsdrang folgend – oder war es nur Wichtigtuerei? – Juden bei allen Gelegenheiten und zu jeder Zeit geholfen haben wollten. So viele Juden, scheint mir, kann es in Deutschland gar nicht gegeben haben, wie sich auf einmal Judenhelfer meldeten.

WUNDERSAME WANDLUNGEN

Unsere Nachbarn kamen zu uns in die Wohnung, um für die »Entnazifizierung« von meinem Vater oder mir Persilscheine zu erbitten, das heißt, wir sollten ihnen bestätigen, daß sie immer anständige Menschen waren, die zu keiner Zeit jemandem etwas zuleide getan haben und selbstverständlich gegen die Nazis waren.

Diese Phase, seine Vergangenheit zu verleugnen und Persilscheine zu erbetteln, dauerte nur eine gewisse Zeit, vielleicht ein halbes Jahr, vielleicht noch etwas länger. Als dann aber diejenigen, die sich wie Herrenmenschen gebärdet und aus voller Kehle gesungen hatten »Denn heute gehört uns Deutschland und morgen die ganze Welt«, erkannten, daß sie die amerikanische Besatzungsmacht gar nicht ernsthaft verfolgt, kamen sie wieder aus ihren Mauselöchern hervor, in die sie sich verkrochen hatten. Sie machten auch bald kein Geheimnis mehr aus ihrer nazistischen Vergangenheit und mußten es auch nicht, solange sie sich lautstark als Antikommunisten gaben. Gegen die Kommunisten zu sein, damit fanden sie Gehör und volle Sympathie bei den Siegern aus dem Westen und die prominenten Nazis zudem lukrative Unterschlüpfe in der sich wieder belebenden deutschen Wirtschaft.

Daß später in der sogenannten Entnazifizierung manche Naziaktivisten und Mitläufer auf der Strecke blieben, wohlgemerkt für kurze Zeit nur, ist nicht zu leugnen, lag gewissermaßen in der Natur der Sache. Sie litten nicht lange. Im gleichen Tempo, wie die überlebenden »linken« Widerständler weggelogen oder ins gesellschaftliche Abseits gedrängt wurden, sahen sich die braunen Aktivisten rehabilitiert.

FRAUENBEKANNTSCHAFTEN

Das ganze Tausendjährige Reich über hatte ich auf strenge Anweisung meiner Eltern jegliche Frauenbekanntschaften zu meiden. Sie waren überzeugt, daß ich bei einem intimen Zusammensein mit einer Frau durch mein rituelles Beschnittensein sofort als Jude erkannt werde und damit die gesamte fünfköpfige Familie aufs höchste gefährdete.

Als dann die Hitlerzeit vorüber war und ich aus meiner Zwangsjacke herausschlüpfen konnte und Tarnung und erzwungene Verzichtleistung nicht mehr nötig waren – man bedenke, ich war damals siebenundzwanzig Jahre alt – hatte ich einen erheblichen Nachholbedarf.

Ich bin mir nicht sicher, ob ich von Pech sprechen kann, daß die Frauenbekanntschaften, die ich in dieser Zeit machte, zu alles anderem als normalen Liebesbeziehungen führten oder ob die abnorme Zeit abnorme Verhältnisse produzierte. Es war bei den meisten Frauen keinesfalls so, daß wir uns begegneten, uns sympathisch fanden und uns lieben lernten. So war das nicht. Meist prallten wir unversehens aufeinander und meistens derart hart, daß wir uns weh taten.

Aber vielleicht hat es auch an mir gelegen, an meiner

Unerfahrenheit und Unbeholfenheit, wenn ich immer nur bei närrischen, überdrehten tragischen Frauen oder bei solchen Erfolg hatte, die man als Strandgut des Krieges bezeichnen kann.

So lernte ich zum Beispiel im amerikanischen Offizierskasino eine typische Nymphomanin kennen, eine, so würde man heutzutage sagen, mit multikulturellen erotischen Ambitionen. Gegen sie war die liebeshungrige Gerdi aus Heimarshausen ein Mauerblümchen. Sie verteilte ihre Gunst an einen amerikanischen Besatzungssoldaten, einen italienischen Koch im Kasino, einen deutschen Schwarzhändler aus dem Schwarzhandelszentrum Kaiserstraße und an mich. Nur kurze Zeit hielt ich es auch mit der Antifaschistin Betty aus. Sie war wegen ihrer politischen Tätigkeit mehrere Jahre im Konzentrationslager eingesperrt und verstand sich, möglicherweise als Folge der Lagerhaft, viel besser mit Frauen als mit Männern.

Eine ganz ungewöhnliche Bekanntschaft voller Tragik war Henrietta. Sie ging im Frankfurter Bahnhofsviertel anschaffen, nur bei Amerikanern und nur gegen harte Währung, gegen Dollars. Auf so ungewöhnliche Weise, wie ich sie kennenlernte – ungewollt war sie mir in die Arme gelaufen, als sie vor einem amerikanischen Soldaten flüchtete, dem sie mit einem raffinierten Trick den ausgehandelten Liebeslohn ohne Gegenleistung abgeluchst hatte – auf so ungewöhnliche Weise verlor ich sie auch wieder. Eines Tages fand man sie tot in einem abgestellten Eisenbahnwaggon auf, erwürgt und beraubt. Sie war, was sie mir erst viel später, kurz vor ihrem gewaltsamen Tod, erzählte, Jüdin. Bevor ihre Eltern in Breslau von der Gestapo in ein Vernichtungslager verschleppt wurden, ihr Vater war Rechtsanwalt gewesen, versteckten sie sie bei einer christlichen Bauernfamilie. Sie war von dort geflüchtet, auf abenteuerliche Weise durch Deutschland geirrt und nach dem Zusammenbruch nach Frankfurt verschlagen worden, genauer ausgedrückt: hier gestrandet.

Henrietta war nicht ihr richtiger Name, doch sie war im Nuttenmilieu rund um den Hauptbahnhof unter diesem Namen bekannt. Ihren richtigen Namen habe ich nie erfahren. Auch sie war ein spätes Opfer der mörderischen Judenverfolgung.

MEISSNER PORZELLAN

Fünfzig Jahre danach frage ich mich: welche ersten Eindrücke nach dem Krieg haben mich geprägt? Die hier niedergeschriebenen oder ganz andere, die ich lange vergessen habe? Ich zögere mit einer eindeutigen Antwort. Eines aber ist mir klar: es müssen ganz persönliche, nicht zu verallgemeinernde Wahrnehmungen gewesen sein. Jeder, der den Krieg erlebte und überlebte, hat den Zusammenbruch und den Neubeginn auf seine Weise erfahren. Es kam darauf an, wer welchen Standpunkt zu dieser Zeit hatte, politisch und geographisch.

Ich bin froh, daß in meiner Erinnerung das Grauen dieser Zeit verblaßt ist – keinesfalls vergessen – und lebendig geblieben das Absurde und Groteske. So zum Beispiel auch jener Vorfall: Im gleichen Haus wie unsere Familie wohnte eine ältere, alleinstehende Frau, eine Dame, die zweifellos schon bessere Tage gesehen hatte. Sie gab sich sehr vornehm, grüßte gekonnt von oben herab, wohnte auch im teuren Vorderhaus, wir dagegen im Proletenhinterhaus, und sie war den Nachbarn gegenüber äußerst zurückhaltend, vor allem denen vom Hinterhaus. Darum war ich überrascht, als sie mich eines Tages bei der Rückkehr von der Frühschicht im

Hinterhof ansprach. Es schien so, als habe sie mich abgepaßt. Sie begrüßte mich sehr freundlich und sagte ganz unvermittelt, sie habe gehört, daß ich im amerikanischen Offizierskasino arbeite. Als ich das bestätigte, fragte sie verlegen, ob ich einen Augenblick Zeit habe, um mit ihr nach oben zu kommen, sie wolle mir etwas zeigen.

Ich ahnte schon, was sie von mir wollte, irgendeine Gefälligkeit, die mit den Amerikanern und einem Schwarzmarktgeschäft zusammenhing. Dennoch war ich neugierig, was das sein könne, und ging mit ihr nach oben in den ersten Stock. Dort lebte sie ohne Anhang. Ihre Wohnung machte den Eindruck vorgestriger Gediegenheit in Plüsch und Kaukasisch-Nuß. Auf allen Sitzgelegenheiten lagen Schondeckchen.

In der »guten Stube«, die es damals noch in fast jeder besseren Kleinbürgerwohnung gab und die praktisch nie benutzt wurde, nahm sie von einem gepolsterten Stuhl das Schondeckchen weg und hieß mich Platz nehmen. Dann holte sie aus einer Vitrine eine Porzellanfigur heraus und stellte sie vorsichtig vor mir auf den Tisch. Es war ein wunderschönes, etwa fünfzehn Zentimeter hohes Stück in satten Farben, ein Motiv aus dem Rokoko. An kurzen, von Rosenranken umzogenen Säulen lehnten zwei Frauengestalten, so zerbrechlich anzuschauen wie das Material selbst, und balancierten über den Schultern graziös kleine Sonnenschirme.

»Echt Meißen«, sagte die alte Dame, drehte behutsam

die Figur um und zeigte mir auf dem Boden die beiden gekreuzten Schwerter in Blau.

Bevor sie zur Sache kam, erzählte sie mir, sie habe auf dem Schwarzmarkt schon sehr viel von ihrem Silber und Schmuck eingetauscht. Darum habe sie kaum noch etwas Brauchbares zum Tauschen und wolle sich nunmehr schweren Herzens von diesem Erbstück trennen, vorausgesetzt, sie bekäme einen entsprechenden Gegenwert dafür. Sie glaube, am ehesten gäbe es unter den amerikanischen Offizieren Interessenten für ein so wertvolles Stück, weshalb sie mich angesprochen habe. Ob ich ihr den Gefallen tue und einmal unter ihnen herumhöre. Das versprach ich ihr, denn ich erinnerte mich noch gut, daß sie vor Jahren, als mein Vater lange Zeit arbeitslos war, regelmäßig zu den christlichen Feiertagen entweder ein Stück Gans, einen kleinen Kuchen oder Weihnachtsgebäck zu uns ins Hinterhaus gebracht hatte.

Nachdem ich die porzellanene Kostbarkeit gebührend bewundert hatte, stellte sie sie wieder in die Vitrine zurück.

Bei der Suche nach einem Käufer half mir mein Freund Mike, der Chefkoch im Kasino, ein auffallend kleiner Italo-Amerikaner mit der längsten Kochmütze der Welt, mit der er offensichtlich um einen Ausgleich zu seinen zu kurz geratenen Beinen bemüht war. Bald brachte er mir auch einen Interessenten in die Bäderabteilung. Als die beiden zu mir hereinkamen, war ich doch sehr überrascht, denn ich kannte diesen Offizier sehr gut. Es war ein Colonel aus der amerikanischen Zivilverwaltung und ein Hauptverantwortlicher für dieses zentrale Offizierskasino, ein schlanker, hochgewachsener Mann in mittlerem Alter mit einem fein ziselierten Intellektuellengesicht, der viel von Kunst verstand, hauptsächlich von Musik, und sich gern darüber unterhielt. Er kam oft in die Bäderabteilung, in erster Linie interessierte er sich da für die jungen deutschen Burschen, die im Kasino arbeiteten, und von denen er sich für ein fürstliches Trinkgeld in einer Duschkabine ein- und wieder abseifen ließ. Dabei machte er sich kaum etwas aus dem auffälligen Getuschel der Deutschen ringsum, für die nach zwölf Hitlerjahren, in denen homoerotische Beziehungen als Kapitalverbrechen gebrandmarkt worden waren, etwas Unerhörtes, ein Skandal bedeuteten. – Das aber ist eine andere Geschichte.

Daß sich der Musik und junge Burschen liebende Colonel auch für Meißner Porzellan interessierte, erfuhr ich erst jetzt. Allerdings wollte der Offizier nicht in die Kaiserhofstraße kommen, um die Figur zu begutachten. Dieser Weg war ihm zu riskant, er durfte wegen seines hohen Offiziersrangs keinesfalls bei Schwarzmarktgeschäften gesehen werden. Also mußte ich, damit das Geschäft zustande kommen konnte, das wertvolle Stück ins Kasino bringen, darauf bestand der Offizier. Das aber lag innerhalb des amerikanischen Sperrgebiets.

Er stellte mich damit, wollte ich der alten Dame

wirklich eine Hilfe sein, vor zwei schwierige Aufgaben. Die erste: ich mußte meine Nachbarin dazu überreden, mir ihre kostbare Figur auf Risiko zu überlassen. Das war nicht ganz einfach, aber es gelang mir. Ein angemessener Preis war ohnehin verabredet. Zum zweiten mußte ich die Figur ins Kasino schaffen. Allein konnte ich das nicht, denn an den Toren zum Sperrgebiet wurden alle nichtamerikanischen Bediensteten kontrolliert. Aber mein Freund Mike war mir wiederum hilfreich. Das geschah nicht aus reiner Selbstlosigkeit, denn ich erlaubte ihm, seine vielen Schwarzmarktgeschäfte in meiner Bäderputzkabine abzuwickeln.

Nach einer kurzen Bedenkzeit fuhr Mike mit mir in seinem Jeep in die Kaiserhofstraße, und wir holten die Figur. Es war ein gewagter Transport, denn die zerbrechlichen Porzellandamen waren schlecht verpackt. Sie lagen, nur mit ein paar Stoffresten und etwas Watte umhüllt, in einem kleinen, dünnen Karton. Wacklig stand er auf dem Boden des Jeeps zwischen meinen Füßen. Doch es ging alles gut. Ich zeigte dem Militärpolizisten meinen Kasinoausweis, und wir passierten ohne weitere Kontrolle das Tor zum Sperrgebiet.

In meiner Kabine in der Bäderabteilung packte ich die Figur vorsichtig aus und zeigte sie dem Colonel. Der war von den porzellanenen Rokokodamen begeistert, betrachtete sie mit Kennerblick von allen Seiten, ob sie auch nicht beschädigt seien, prüfte mit einem kleinen Federmesser das Manufakturzeichen, es durfte nicht von einem geschickten Fälscher aufgemalt, sondern mußte richtig in die Glasur eingebrannt sein, und war mit dem Ergebnis seiner Untersuchung zufrieden. Er zahlte einen außerordentlichen Preis, auf die Hand fünfhundert Dollar, eine Riesensumme also. Mit diesem Geld würde sich die alte Dame eine lange Zeit über Wasser halten können.

Der Aufkäufer umhüllte die graziösen, sonnenbeschirmten Damen wieder mit den Stoffresten und der Watte, legte sie behutsam in den kleinen Karton zurück, knüpfte noch eine dünne Schnur darum und verließ mit seiner Neuerwerbung die Bäderabteilung.

Kaum eine Stunde später geschah etwas schier Unglaubliches. Ein deutscher Küchenarbeiter kam aufgeregt zu mir in die Kabine. Unter seiner weißen Lagerschürze trug er einen verborgenen Gegenstand. Es war Essenzeit. Er versicherte sich ängstlich, ob uns auch niemand beobachtete, schlug das Tuch zurück, und zum Vorschein kam derselbe noch verschnürte Karton, in dem der Offizier die Porzellanfigur davongetragen hatte. Der Schrecken fuhr mir in die Glieder.

Wie der Spitzbube es geschafft hatte, den Karton zu stehlen, sagte er mir nicht. Ich habe es bis zum heutigen Tag nicht erfahren. Möglicherweise wollte der Amerikaner den verdächtigen Karton nicht mit in den Eßsaal nehmen, deponierte ihn an einem Ort, wo er ihn gut aufgehoben glaubte, verhielt sich dabei aber so auffällig, daß der deutsche Küchenarbeiter auf ihn aufmerksam wurde. Und weil in diesen turbulenten Nachkriegsmonaten stehlen etwas Normales war und von den Deutschen, wenn ein Amerikaner bestohlen wurde, keinesfalls als kriminelles Delikt angesehen wurde, griff mein Arbeitskollege, nachdem sich der Offizier in den Eßsaal begeben hatte, schnell und entschlossen zu und verschwand mit dem Paket im Untergeschoß. Erst wollte er mit seinem Diebesgut in den Lagerkeller, aber er hatte Pech, dort hielten sich, was sehr selten vorkam, ausgerechnet Amerikaner auf. Deshalb sei er zu mir gekommen. Ich sollte den Karton für eine kurze Zeit für ihn aufbewahren, bat er mich.

Zu seiner Verwunderung reagierte ich, als wolle er mir eine Tarantel in den Schuh stecken, so entschieden wehrte ich ab. Nicht für fünf Minuten würde ich den Karton in Verwahrung nehmen, erklärte ich ihm.

»Was hast du auf einmal, du bist doch sonst nicht so?« blaffte er mich verständnislos an. Er wußte, daß ich immer wieder einmal einem Arbeitskollegen für kleinere Mengen entwendeter Lebensmittel sichere Verstecke anbieten konnte, den Hohlraum unter einer Badewanne oder einen leeren Sinkkasten. Er selbst hatte auch schon eines meiner sicheren Verstecke benutzt.

Ich sagte nur: »Ich habe meine Gründe.«

Verärgert zog er ab. Er verstand mich nicht. Wie konnte er auch, er wußte ja nicht einmal, was der Karton enthielt.

Es dauerte auch nicht lang, bis der bestohlene Offizier

in die Bäderabteilung gestürmt kam und, fast schreiend, nach dem Karton fragte. Ich versicherte ihm, in der Zwischenzeit meine Kabine nicht verlassen zu haben. Er glaubte mir nicht und suchte in allen möglichen Ecken nach dem Karton, fluchte entgegen seiner sonst so vornehmen Art wie ein amerikanischer Trucker, drohte mir, er werde sein Geld zurückverlangen, wenn sich der Karton mit der Porzellanfigur nicht wiederfinde, schlug die Tür zu meiner Kabine zu und verließ die Bäderabteilung.

Der Weg des Kartons mit dem zerbrechlichen Inhalt in den nächsten Stunden war verwirrend. Der Küchenarbeiter brachte ihn zuerst, so erzählte er mir, zu einer deutschen Klosettfrau im Souterrain. Diese hatte den Karton geöffnet, und als sie die Porzellanfigur gesehen hatte, wollte sie partout nichts mit einer so brisanten Diebesware zu tun haben und schickte ihn ebenfalls weg. Immerhin wußte der augenblickliche Kartonbesitzer nun, was er dem Offizier gestohlen hatte. Es sei ihm dabei verdammt unwohl gewesen, versicherte er.

»Wenn es dir so mulmig war«, sagte ich, »warum hast du dann den Karton nicht wieder an den Platz zurückgestellt, von dem du ihn weggenommen hast?«

»Zurückstellen? Du spinnst wohl!« wehrte er entrüstet ab. »Hast du 'ne Ahnung, wie wertvoll so eine Figur ist?«

»Gut, du hast sie behalten. Und was hast du dann gemacht?«

»Zuerst habe ich sie im Kartoffelkeller verstaut. Das war mir aber zu unsicher. Darum versteckte ich den Karton nach dem Mittagessen im Tiefkühlkeller. Da findet ihn so schnell niemand.«

Als ich am späten Nachmittag meinem Arbeitskollegen erzählte, wem der Karton gehöre und wie wütend der Offizier gewesen sei, bekam er es noch mehr mit der Angst zu tun. Er wußte mit der Figur nichts anzufangen. An den alten Platz zurückstellen wollte er sie nicht, aber ein so auffälliges Stück irgendwem anbieten, das war ihm auch zu riskant. Der Küchenarbeiter war eben nur ein kleiner Spitzbube. Er fragte mich: »Hast du kein Interesse an der Figur? Ich gebe sie dir billig ab. Du hast bessere Beziehungen als ich, wo und an wen du sie verscherbeln kannst.«

Blitzschnell überlegte ich: warum eigentlich nicht? Ich bot ihm zwei Stangen amerikanischer Zigaretten an, was zu dieser Zeit einem Gegenwert von knapp einhundert Dollar entsprach, stellte jedoch eine Bedingung: ich wollte den Karton außerhalb des Kasinos ausgehändigt bekommen. Er war sofort mit meinem Vorschlag einverstanden, schien sogar froh, die lästige Figur loszuwerden, und das sogar mit Gewinn. Den Karton nach draußen zu schaffen, war für ihn zudem keine schwierige Aufgabe. Öfters am Tag und auch am Abend mußte er Küchenabfälle und leere Verpackungen in den Müllschuppen außerhalb des Kasinos bringen. In der Dunkelheit fiel es nicht auf, wenn er mit anderen Abfällen einen kleinen unscheinbaren Karton nach draußen beförderte.

In einer dichten Hecke, etwa hundert Meter vom Kasino entfernt, die schon öfter als Zwischenlager für gestohlene Lebensmittel gedient hatte, versteckte er ihn. Nach Arbeitsende holte ich den Karton wieder aus der Hecke hervor und brachte ihn an eine Stelle des Sperrgebietszauns, an der ich wiederholt Butter, Speck oder ein Stück Fleisch ins Freie geschmuggelt hatte, weil sich dort der Drahtzaun leicht hochbiegen ließ, und holte mir die Figur noch vor der Sperrstunde ab.

Für mich gab es nach diesem aufregenden Zwischenspiel keine Möglichkeit mehr, das kostbare Stück abzusetzen. Im Kasino konnte ich die Figur nicht nochmals anbieten. Und außerhalb meiner Arbeitsstelle hatte ich keine Verbindung zu potentiellen Käufern. So entschloß ich mich, der alten Dame mit großem Bedauern und einer Entschädigung die wunderschöne Meißner Porzellanfigur zurückzubringen.

Auf dem Nachhauseweg, den kostbaren Karton unterm Arm, überlegte ich, wem denn nun die fünfhundert Dollar, die ich von dem Colonel bekommen hatte, beziehungsweise die restlichen vierhundert Dollar, zuständen. Eigentlich hatte ich das Geld für die Besitzerin der beiden beschirmten Rokokodamen kassiert. Diese aber würde die Figur zurückbekommen, also keinen Anspruch auf einen Gegenwert haben. Aber hatte ich denn einen Anspruch auf das Geld? Doch wohl nicht unbedingt. Immerhin hatte ich bei dem abenteuerlichen Transport der Figur von der Kaiserhofstraße ins Kasino und unter dem Sperrgebietszaun hindurch wieder zurück und bei dem Geschäft mit dem Colonel viele Risiken auf mich genommen und dafür gerechterweise eine Entlohnung verdient. So weit, so gut. Aber doch nicht den gesamten Erlös. Wenn also nur Entlohnung, wie hoch sollte ich sie ansetzen?

Ich entschloß mich, die vierhundert Dollar mit der alten Dame zu teilen. Doch auf dem Weg die Treppe hoch zu ihrer Wohnung wurde mir klar, daß ich im Grunde allein das Risiko dieser gefährlichen Aktion getragen hatte. Warum also sollte ich mit ihr teilen? Wären nicht hundert Dollar vollauf genug, denn immerhin brachte ich ihr die Figur unbeschädigt zurück? Ich brauchte bestimmt kein schlechtes Gewissen zu haben, wenn ich ihr nur ein Viertel der Summe aushändigen würde. Mit ihr könnte sie eine Zeitlang die schlimmste Not abwehren. Bei diesen Überlegungen kamen mir keine Sekunde lang moralische Bedenken. Wer fragte schon in diesen Zeiten nach Moral?

Die alte Dame bedankte sich herzlich für die fünfzig Dollar – ich habe es dann doch nicht übers Herz gebracht, ihr volle hundert Dollar auf den Tisch zu legen für nichts und wieder nichts – und nahm die Figur vorsichtig aus dem Karton, wickelte sie aus den Stoffresten und der Watte heraus, stellte sie auf den Tisch, prüfte sie von allen Seiten, ob sie auch heil geblieben ist, nahm ein Staubtuch und wischte liebevoll an ihr herum. Dann erst trat sie zur Seite und gab mir den Blick auf das Kleinod frei. Nun konnte ich es noch einmal in seiner ganzen Schönheit bewundern. Den Porzellandamen war bei dem abenteuerlichen Ausflug ins Offizierskasino das Lächeln nicht vergangen. Ich bildete mir sogar ein, die linke, die mit den bunten Bändern am Hut, habe mir, bevor sie die alte Dame in die Vitrine zurückstellte, zugeblinzelt, so, als wolle sie mir sagen: gebe es doch zu, eigentlich war es kein schlechtes Geschäft für dich.

Ob meine Nachbarin ihr teures Erbstück später doch noch auf dem Schwarzen Markt verkaufen ließ, weiß ich nicht. Ich habe sie nie darauf angesprochen, und sie vermied es, mit mir darüber zu sprechen. Von dem Augenblick an, als sie ihre Porzellanfigur wiederhatte, war sie auch mir gegenüber wieder auf Abstand bedacht, war die von oben herab grüßende Bewohnerin des Vorderhauses.

Am Ende bin ich dann doch noch ein Opfer des Porzellanfigurendiebstahls geworden. Der Colonel forderte zwar seine fünfhundert Dollar nicht zurück, aber offenbar argwöhnte er, ich sei dennoch irgendwie in den Diebstahl verwickelt. Anders kann ich es mir nicht erklären, daß ab dieser Zeit fast täglich Kontrollen in der Bäderabteilung stattfanden. Das konnte nur der Colonel veranlaßt haben. Zudem wurde ich nun bereits beim Verlassen des Kasinos durchsucht, was bis dahin nur beim deutschen Küchenpersonal der Fall war. Und prompt wurde ich erwischt, als ich ein lächerlich kleines Stück Butter herausschmuggeln wollte. Und die Folge: Ich wurde auf der Stelle entlassen.

Damit fing das Hungern und verzweifelte Bemühen von neuem an, zu dem wenigen, das es auf Lebensmittelkarten gab, zusätzlich etwas Eßbares aufzutreiben. Mein Vater, der sechsundsiebzig Jahre alt war, litt am meisten.

Wir standen die Zeit durch, wenn wir drei auch, als sich die Lebensmittelzuteilungen verbesserten, nur noch Haut und Knochen waren und hungrig wie herrenlose Hunde.

*

Fünfzig Jahre danach ist das Grauen verblaßt, sind Angst und Schrecken verdrängt. In der Erinnerung geblieben ist das Absurde dieser Tage – und eine Zeit voller Hoffnung auf eine bessere, humanere, friedlichere Welt. Geblieben ist die Verwunderung, überlebt zu haben – gegen alle Logik. Und übriggeblieben eine große Trauer um einen zerstobenen Traum.